KB106201

서수일기

西繡日記

서수일기

西繡日記

200년 전 암행어사가 밟은
5천리 평안도 길

박내겸 저 | 오수창 역해

규장각
새로 읽는
우리 고전
009

아카넷

'규장각 고전 총서' 발간에 부쳐

    고전은 과거의 텍스트이지만 현재에도 의미 있게 읽힐 수 있는 것을 이른다. 고전이라 하면 사서삼경과 같은 경서, 사기나 한서와 같은 역사서, 노자나 장자, 한비자와 같은 제자서를 떠올린다. 이들은 중국의 고전인 동시에 동아시아의 고전으로 군림하여 수백 수천 년 동안 그 지위를 잃지 않았지만, 때로는 자신을 수양하는 바탕으로, 때로는 입신양명을 위한 과거 공부의 교재로, 때로는 동아시아를 관통하는 글쓰기의 전범으로, 시대와 사람에 따라 그 의미는 동일하지 않았다. 지금은 이들 고전이 주로 세상을 보는 눈을 밝게 하고 마음을 다스리는 방편으로서 읽히니 그 의미가 다시 달라졌다.

    그러면 동아시아 공동의 고전이 아닌 우리의 고전은 어떤 것이고 그 가치는 무엇인가? 여기에 대한 답은 쉽지 않다. 중국 중심의 보편적 가치를 지향하던 전통 시대, 동아시아 공동의 고전이 아닌 조선의 고전이 따로 필요하지 않았기에 고전의 권위를 누릴 수 있었던 우리의 책은 많지 않았다. 이 점에서 우리나라에서 고전은 절로 존재하였던 과거형이 아니라 새롭게 찾아 현재적 가치를 부여하면서 그 권위가 형성되는 진

행형이라 하겠다.

　서울대학교 규장각한국학연구원은 법고창신의 정신으로 고전을 연구하는 기관이다. 수많은 고서 더미에서 법고창신의 정신을 살릴 수 있는 텍스트를 찾아 현재적 가치를 부여함으로써 새로운 고전을 만들어가는 일을 하여야 한다. 그간 이러한 사명을 잊은 것은 아니지만, 기초적인 연구를 우선할 수밖에 없는 현실로 인하여 우리 고전의 가치를 찾아 새롭게 읽어주는 일을 그다지 많이 하지 못하였다. 이제 이 일을 더 미룰 수 없어 규장각한국학연구원에서는 그간 한국학술사 발전에 큰 기여를 한 대우재단의 도움을 받아 '규장각 새로 읽는 우리 고전 총서'를 기획하였다. 그 핵심은 이러하다.

　현재적 의미가 있다 하더라도 고전은 여전히 과거의 글이다. 현재는 그 글이 만들어진 때와는 완전히 다른 세상이다. 더구나 대부분의 고전은 글 자체도 한문으로 되어 있다. 과거의 글을 현재에 읽힐 수 있도록 하자면 현대어로 번역하는 일은 기본이고, 더 나아가 그 글이 어떠한 의미가 있는지를 꼼꼼하고 친절하게 풀어주어야 한다. 우리 시대 지성인의 우리 고전에 대한 갈구를 이렇게 접근하고자 한다.

'규장각 새로 읽는 우리 고전 총서'는 단순한 텍스트의 번역을 넘어 깊이 있는 학술 번역으로 나아가고자 한다. 필자의 개인적 역량에다 학계의 연구 성과를 더하여, 텍스트의 번역과 동시에 해당 주제를 통관하는 하나의 학술사, 혹은 문화사를 지향할 것이다. 이를 통하여 우리의 고전이 동아시아의 고전, 혹은 세계의 고전으로 발돋움할 수 있기를 기대한다.

기획위원을 대표하여 이종묵이 쓰다.

차례

‘규장각 고전 총서’ 발간에 부쳐 4

순조 22년(임오, 1822)

윤3월 16일~26일   왕명을 받아 평안도에 들어가다 9

윤3월 27일~4월 9일   평안도 동남쪽을 돌아 평양으로 향하다 37

4월 10일~21일   동북쪽 끝인 영원을 돌아 순천까지 암행하다 73

4월 22일~5월 15일   서쪽과 남쪽을 돌아보고 순안에서 처음 출도하다 109

5월 16일~6월 9일   서남과 동북, 끝에서 끝을 돌아 안주에서 출도하다 155

6월 10일~7월 13일   다시 한 바퀴 돌아 평양에서 출도하다 177

7월 14일~7월 28일   130일 되는 날에 복명하다 203

해제: 200년 전 암행어사가 밟은 5천리 평안도 길 221

찾아보기 243

서울 → 고양 → 파주 → 장단 → 개성 → 금천 → 평산 → 신계 → 곡산 → 문성(곡산) → 양덕

순조 22년 윤3월 16일~윤3월 26일

왕명을 받아
평안도에 들어가다

「동궐도」 중 창덕궁 희정당 부분, 고려대학교박물관 소장.

조선후기에 국왕은 주로 이곳에서 신하들을 접견하였다. 박내겸이 순조의 명령을 받은 이 그림 속의 희정당은 1833년 화재로 소실되고 현재 전해지는 희정당은 식민지 시기에 조선시대 모습과 달리 새로 지어진 것이다.

윤3월 16일

　명령을 따라 희정당으로 들어가 국왕을 모셨다. 이날 사알(司謁)을 통한 구두 전갈로 승정원에 명령하셨는데, 임준상(任俊常), 박제문(朴齊聞)과 나에게 들어와 대기하라는 지시가 있었던 것이다. 국왕께서 친히 봉서 하나를 주시고 이어 "내려가 잘 하도록 하여라" 하고 명령하셨다. 나는 일어나 다시 절하면서 봉투를 공손히 소매에 넣고 바로 물러나왔다. 신문 밖 조용한 곳에서 열어보니, 평안남도 암행어사로 나가라는 명령이었다. 그리고 사목책 하나, 마패 하나, 유척 둘이 있었다.

　모자라는 능력을 돌아보니 이 무거운 임무를 어찌 감당할 것인가, 걱정되고 두려워 어찌할 바를 알 수 없었다. 또 과거의 시험관 후보에 들어 궁궐의 관인 대기소로 갈 때 마침 명령을 받아 바삐 들어갔으므로 미처 식구들과 작별을 하지 못하였다. 급히 떠나야 마땅한 일에 비록 감히 사사로운 말을 할 수는 없으나, 가족과 오랫동안 떨어져 있고 주위의 온갖 일들을 모두 던져두려니 마음이 어두워 스스로 할 말이 없었다. 머물러 묵으면서 길 떠날 준비를 하였다.

壬午 閏三月 十六日

承命(是日, 以司謁口傳, 下敎于政院, 有任俊常·朴齊聞及賤臣 來待之命.) 入侍于熙政堂. 上親授封書一度, 仍敎曰, 下去, 善爲之可也. 賤臣起伏, 敬納袖中仍退, 出新門外靜處坼見, 則乃平安南道暗行御史之命也. 又有事目冊一·馬牌一·鍮尺二焉. 顧此湔劣, 何以堪此重任, 憂懼悚悶, 不知攸爲. 且承命趨入, 適在於承試牌, 詣朝房之際, 未及與家眷作別. 叱馭之義, 雖不敢言私, 而久曠團欒, 抛置百爲情事, 黯然無以自言矣. 仍宿治行.

❀

박내겸이 암행어사로 임명된 순조 22년 윤3월 16일은 양력으로는 1822년 5월 7일 화요일이었다. 당시 박내겸은 문과에 급제한 후 햇수로 14년이 되는 43세의 문관으로서, 순조 21년 12월부터 홍문관 지평을 지내다 순조 22년 윤3월 13일부터 정6품 관직인 사간원 정언으로 재직하고 있었다. 박내겸은 그에 앞서 순조 19년 5월부터 약 2년간 전라도 부안현감으로 재직하였는데 그와 같이 군현 통치와 지방민의 실정을 직접 경험한 사실도 암행어사로 임명되는 데 중요한 자격이 되었을 것이다.

박내겸이 암행어사로 임명된 평안남도는 독립된 행정구역은 아니었다. 평안도는 청천강을 경계로 자연과 사회의 성격이 많이 달라 평안북도와 평안남도로 나누어 일을 처리하는 경우가 흔했는데 청북과 청남으로 불리는 경우가 더 많았다. 박내겸에 앞서 평안도에 파견된 암행어사는 순조 13년(1813년)의 이서(李㙐)와, 순조 5년(1805)의 평안도 청북어사 이원팔(李元八), 청남어사 홍병철(洪秉喆)이었다. 직전 암행어사인 이서가 파견되고 10년째 되는 해에 박내겸이 내려가게 된 것이다.

이날 함께 명령을 받은 박제문은 경기 암행어사에, 임준상은 평안북도 암행어사에 임명되었다. 순조 22년에는 평안 남·북도 및 경기도 외에도 공청(충청) 좌도(서좌보(徐左輔))·우도(이언순(李彦淳)), 전라 좌도(심영석(沈英錫))·우도(권돈인(權敦仁)), 황해도(홍승규(洪勝圭)), 함경도(조인영(趙寅永)), 경상 좌도(김정균(金鼎均)), 우도(윤명규(尹命圭)) 등 전국적으로 암행어사가 파견되었다. 이와 같이 같은 해에 전국 8도에 빠짐없이 암행어사가 파견된 것은 아주 이른 시기인 명종 5년(1550) 8인의 암행어사를 8도에 파견한 이후 처음이었던 것으로 보인다.[1]

1800년 11세의 어린 나이로 즉위한 순조는 성장하면서 점차 국정을 주도하고자 하였다. 1808년에는 그 노력의 일환으로 전국적으로 암행어사를 파견하였는데 그때만 하여도 평안도와 함경도는 제외되었던 것으로 보인다. 그 밖에 순조 13년에 6개 도에 암행어사를 내보냈다. 이

1 한상권, 「역사 연구의 심화와 사료 이용의 확대」, 《역사와 현실》 6, 한국역사연구회, 1991 참조.

때는 강원도와 경기도가 제외되었을 뿐만 아니라 큰 도라 할지라도 둘로 나누지 않고 어사 한 명이 한 도를 모두 담당하게 하여 감찰의 밀도가 1822년에 비해 떨어졌다. 정조 17년(1793)이나 18년과 같이 다수의 암행어사가 여러 지역에 파견된 사례가 있지만, 그때는 암행어사 1인이 감찰한 지역이 3~4개 읍 정도로 좁은 경우가 많았고 또 전국을 조직적으로 망라한 것도 아니었다.

유독 순조 22년에 전국 8개도에 빠짐없이 그리고 촘촘하게 암행어사를 파견한 정치적 맥락은 확인하기가 쉽지 않다. 당시는 국정을 주도하기 위한 순조의 노력이 실패로 돌아가고 그 장인 안동김씨 김조순(金祖淳)이 음으로 양으로 확고한 주도력을 행사하던 시기였다. 심지어 국왕 순조는 사간 임업(任㷓)으로부터 '임금이 너무 침묵을 지켜 이해와 공과 사의 분별이 권세가[權柄]에게 돌아갔으며 결재가 밑에서 처리된다'고 비판을 받는 상황에 이르렀다(순조 19년 4월). 다만 순조는 전 해인 21년 10월, 정조의 비 효의왕후를 모신 효희전(孝禧殿)에 대한 제사를 아들인 효명세자로 하여금 대신하도록 한 이후 23년 겨울부터는 국가의 모든 제례를 세자가 주관하도록 하였다. 이러한 일들은 세자에게 대리청정을 맡기기 위한 의도적인 기초 작업이 되었고, 순조 27년에 대리청정을 하게 된 효명세자는 왕실의 정국 주도력을 강화하기 위하여 여러 정책을 펴게 되었다. 순조가 일찍이 자신의 정국 주도력을 강화하려 했을 때 전국적으로 암행어사를 파견했던 것처럼, 장차 효명세자의 국정 운영을 준비하는 맥락에서 이해에 전국 8도에 암행어사를 대규모로 파견한 것은 아닐까 짐작해볼 수 있다.

암행어사는 공식 사령장이 아니라 임금의 개인 편지 형식인 봉서(封書)를 통해 임명하였다.[2] 이러한 임명 형식은 암행어사의 성격에 중요한 의미를 지니지만, 비밀을 유지하기 위한 목적도 크게 작용했을 것이다. 보통 암행어사로 내보내는 명령서의 봉투에는 돈화문이나 남대문 밖 등 어디어디에 나가서 열어 보라고 쓰여 있었다. 박내겸은 신문 밖 인적이 끊긴 곳에서 임무를 확인하였는데 신문은 돈의문(敦義門), 즉 서대문을 말한다. 서대문은 이미 태조대에 서울 성곽의 일부로 함께 이루어졌으나 그 후 태종대와 세종대에 위치를 옮겨 새로 지어졌기 때문에 '새문'이라고 불렸으며 그 이름이 지금까지 이어지고 있다.

박내겸이 국왕으로부터 받은 사목책(事目冊)은 암행어사의 업무 지침서로서, 암행어사가 지방 사정을 어떻게 파악하고 어떤 일을 어떻게 처

서대문(신문; 돈의문)의 근대 풍경.
박내겸이 암행어사 임명장을 확인한 곳이다.

리할 것인지 각 도별로 상세히 규정한 문서이다. 암행어사의 업무는 정조 때에 크게 정비되고 그 지침서로 팔도어사재거사목(八道御史賚去事目)이 만들어진 바 있다. 마패는 다 아는 바와 같이 공무로 여행하는 자가 역참에서 말을 징발하여 이용할 수 있도록 하는 증명이다. 새겨져 있는 말의 수에 따라 역참에서 동원할 수 있는 수가 정해져 있었다. 유척은 놋쇠로 만든 자인데 도량형의 문란을 막기 위한 기준으로 활용하였지만 의문사한 시체를 검시하는 데 이용하거나 규격에 어긋난 형벌 도구를 단속하기 위한 것이었다는 설명도 있다.

윤3월 21일

길을 떠났다. 따르는 사람은 성부(誠夫) 아저씨,[3] 자가 경박인 김후근(金厚根), 자가 치삼인 최태운(崔台運), 자가 계현인 초관(肖官)[4] 조익

2　崔承熙,《韓國古文書研究》, 한국정신문화연구원, 1981, 78쪽.

3　수행원 중 첫머리에 나오는 성부(誠夫)는 계현과 더불어 가장 활발하게 활동하는 인물이다. 필자는 이 일기를 웹문서로 공개할 때 원문의 숙씨(叔氏)라는 호칭을 아저씨로 옮겼는데 그 후 다른 이들의 연구와 역주본에서는 '아우'로 새기곤 하였다. '숙(叔)'이라는 글자나 수행원이라는 어사와의 관계만을 본다면 그렇게 이해할 만한 요소가 있다. 하지만 『밀양박씨세보』(국립중앙도서관 소장 古2518-25-114 권2)에서 확인되듯이 성부는 박내겸의 조부 박천의(朴天儀)의 동생인 박천행(朴天行)의 여덟 째 아들인 박사호(朴思浩)로서, 박내겸의 아저씨이다. 박내겸은 박사호보다 나이가 네 살 많았기 때문에 그에게 숙씨라는 호칭을 쓰면서도 수행원으로 데리고 갈 수 있었을 것이다. 박사호는 이때 어사를 수행하였을 뿐 아니라, 순조 28년(1828)에는 강원 감영의 비장(裨將)으로 있으면서 사은 겸 동지사(謝恩兼冬至使)를 따라 청(淸) 나라를 다녀왔고, 그때 작성한 일기 『심전고(心田稿)』를 남겼다.

4　肖官은 哨官의 잘못인 듯하다. 일반적으로 100명으로 구성된 초(哨)를 지휘하던 장교이다.

렴(趙益濂), 경기 감영의 아전 노유종(盧有宗), 그리고 노(奴) 복남(福男)
이다. 역참(驛站)의 마졸(馬卒)은 청파역의 강희진(姜喜進)·이성필(李聖
必)·권복이(權卜伊), 연서역의 이원이(李遠伊)·권가오쇠(權加五金)[5]·이완
실(李完實)이다.

해진 도포를 입고 망가진 갓을 쓰고 움직임이 둔한 관단마에 올라앉
아 새벽 달빛을 받으며 마치 그림에서처럼 구불구불 돌아 서쪽 지방으로
나아가자니 다름 아닌 빈궁한 선비의 모습이어서 스스로 내 몸을 돌아
보아도 도리어 웃음이 나왔다. 고양에서 점심을 먹었다. 이곳 수령은 정
연시(鄭淵始)이다. 저녁이 되어 파주에서 묵었다. 수령은 이인달(李仁達)이
다. 길에서 얼굴 아는 사람을 많이 만났으나 부채로 가리고 지나쳤다.
이날 80리를 갔다.

二十一日

發行. 從人, 誠夫叔氏, 及金生厚根字景博, 崔生台運字稚三, 趙肯官益濂字
季賢, 圻營吏盧有宗, 奴子福男, 驛馬卒, 靑坡姜喜進·李聖必·權卜伊, 延曙
李遠伊·權加五金·李完實也. 弊袍破笠, 跨一款段, 乘着曉月, 如畵透迤西出,
依然是窮士樣子, 自顧吾身, 還可笑也. 中火高陽, 本倅鄭淵始. 夕宿坡州, 本倅
李仁達. 中路多逢知面人, 遮箑而過, 是日行八十里.

---

5 한자로 加五金이라고 표기된 이름이 당시 어떻게 불렸는지 확인할 수 없다. 여기서는 가장
   자연스러운 어감인 가오쇠로 표기하였다.

박내겸은 암행어사 임명을 받고 닷새 만에 서울을 떠났다. 본래 암행
어사는 불시에 임명받아 지체 없이 목적지로 떠나가도록 되어 있었다.
1699년에 황해도 암행어사를 다녀와 『해서암행일기』를 남긴 박만정
(朴萬鼎)만 하여도 3월 7일에 임명을 받고 바로 서울을 떠났다. 박만정
이 동대문 밖에 나와 봉서를 확인하자 곧 국왕의 일상을 시중드는 액
정서의 하인들이 나타나 암행어사의 행동이 늦어지지 않는지 감시하였
다. 급하게 연락이 되었는지 동생과 잠깐 이야기를 나누었을 뿐 바로
길을 떠난 박만정은 그날 밤 고양에 못 미친 시골 마을에서 집주인의
심한 구박 속에 불편한 잠자리를 얻어야 했다. 하지만 19세기에 정승을
역임한 정원용(鄭元容)의 지적에 의하면, 어사가 출발할 때는 친구들이
송별하는 경우까지 있어 어사가 활동할 지역에 도착하기도 전에 각 읍
에서 모두 그 소식을 알게 된다고 하는 상황이었다.[6] 그 후로도 기강은
점점 해이해졌던 것으로 보인다. 소설이지만, 『열여춘향슈졀가』(완판 84장
본, 이하 춘향전)에서 이몽룡은 성실한 관인으로 설정되었는데도 암행어
사 임명을 받은 후 본가에 가서 정식으로 부모에게 하직하고 출발하였
으며, 많은 수행원을 거느리는 등 전라도 땅에 닿을 때까지 굳이 암행
어사의 신분을 감추지 않고 여행하였다. 그가 깨진 갓, 살만 남은 부채
등으로 거짓 행색을 꾸민 것은 전라도 땅 여산에 들어가서였다.

---

6 鄭元容, 「暗行御史枉邑之規」, 『袖香編』 권3.

박내겸이 어사 명령을 받은 날의 일기에서 모든 일을 던져두고 가족과 작별 인사도 하지 못한 채 떠나가야 하는 것을 걱정한 것을 보면, 극비리에 바로 출발하여야 한다는 인식은 있었다. 하지만 그는 임명을 받은 뒤 닷새 후에 출발하였다. 긴 여행에 대비한 준비도 필요했겠지만, 그 사이에 가족을 만나 작별인사를 나누었을 거라고 짐작할 수 있다. 어쩌면 친구들과 송별상을 함께했을지도 모른다. 어사 명령을 받은 날부터 후에 복명할 때까지의 일기 중에서 기록이 빠진 날이 이때의 나흘뿐이라는 사실은 박내겸이 그간의 사정을 별로 밝히고 싶지 않았음을 말해준다.

윤3월 22일

아침 일찍 출발하여 화석정을 찾아 올라갔다. 옛날 무오년(정조 14, 1798)에 이 정자에 한 번 올랐던 기억이 있는데, 어느새 25년 전 일이 되고 말았다. 정자 건물은 무너지고 꽃과 돌이 어지러이 흩어져 옛모습을 다시 보여주지 못하였으나, 오직 큰 강과 늙은 전나무만은 옛날처럼 오래 남아있어 나그네의 마음을 조금 맑고 시원하게 해주었다.

장단에서 점심을 먹었다. 수령은 백홍진(白泓鎭)이다. 저녁에 개성을 지났다. 개성유수는 오한원(吳翰源)이고 경력은 김낙룡(金洛龍)인데 아직 부임하지 않았다. 여기부터는 내가 처음 가보는 길이다. 성곽과 인민이 매우 번성하지만 기상이 쓸쓸하여 처량한 느낌이 마음속 깊숙이 파고들었다. 진실로 옛사람이 말한 "고장은 사람을 따라 변해간다"는 것이었다. 옛 도읍의 광경을 정말 한 번 보고 싶었으나, 서울에 가까운 곳이어서 남들이 알아볼까 두려워 감히 지체하지 못하였다. 남문 밖의 곧은 길을 따라 미륵당에 도달하여 묵었다. 이날 90리를 갔다.

二十二日

早發, 歷登花石亭. 記昔戊午年間, 一登斯亭, 而居然作二十五年前事矣. 亭宇頹毁, 花石散亂, 非復舊日面目, 而惟是長江老檜, 依舊長存, 稍令客懷淸爽矣. 中火長湍, 本倅白泓鎭. 夕過松京, 留守吳翰源, 經歷金洛龍, 未赴任. 自此卽余初行路也. 城郭人民, 頗極殷盛, 而氣像蕭索, 帶得凄感底意, 眞古人所云, 境隨人移者也. 故都物色, 正欲一覽, 而近京之地, 恐被人知, 不敢留連. 從南門外直路, 抵宿彌勒堂. 是日行九十里.

❋

화석정은 파주의 임진강가 벼랑 위에 자리 잡은 정자이다. 율곡 이이의 5대 조부인 이명신(李明晨)이 세운 것을 덕수 이씨 집안에서 관리해왔다. 이이는 8세 때 이 정자에 올라 시를 지었는데 특히

산은 외로운 둥근 달을 토해놓고 [山吐孤輪月]
강은 만 리 바람을 머금었구나 [江含萬里風].

라는 구절이 널리 회자되었다고 한다.

율곡과 화석정에 얽힌 유명한 이야기가 또 있다. 임진왜란으로 선조가 임진강을 건널 때 주위가 어두워 한 치도 보이지 않았는데 이 정자를 불태워 길을 밝혔다는 것이다. 그런 날이 올 것을 예견한 이이가 불빛이 더욱 밝도록 기둥에 기름을 많이 발라놓았으며 불을 붙인 사람은 바로 이항복(李恒福)이었다는 한층 더 구체적인 설명도 따라붙는다. 하지만 사실은 그와 다르다. 선조가 강을 건넌 날인 선조 25년(1592) 음력 4월 30일자 실록과 유성룡(柳成龍)이 쓴 『징비록(懲毖錄)』의 같은 날 기록을 종합하면 왕이 임진강에서 배에 오른 것은 저녁 무렵이었으며, 날이 캄캄해진 것은 임금이 강을 건넌 다음의 일이었다. 강을 건넌 다음에는 일본군의 추격을 막기 위해 나루를 끊고 배를 가라앉혔다. 또 적군이 목재를 모아 뗏목을 만드는 것을 막기 위해 강가의 인가를 철거하게 하였다. 화석정이 이때 불태워졌을지 모르지만, 전후 관계를 볼 때 특별히 선조의 도강과 관련하여 의미를 지니지는 않는다. 『징비록』에는 승청(丞廳)을 태우니 불빛이 강을 건너 임금의 가는 길을 비췄다는 사실이 실려 있는데 승청은 나루를 관리하는 건물이었던 듯하다. 율곡이 미리 준비한 대로 화석정을 태우는 불빛이 국왕의 도강을 도왔다는 이야기에는 후대인이 율곡을 어떻게 생각했는가 하는 점이 반영되었을 뿐 사실이 담긴 것은 아니다.

개성의 성곽과 인민이 매우 번성한데도 박내겸이 그 기상에서 쓸쓸함을 깊이 느낀 것은 고려의 수도였던 그곳의 주민들이 왕조가 바뀌고도 오랜 세월이 지나도록 관직 진출에 차별대우를 받고 있었던 사정을 의식했기 때문일 것이다. 하지만 부당한 현실에 대한 근원적인 성찰,

나아가 그러한 현실의 개혁에 대한 전망을 토로하는 데 이른 것은 아니다.

윤3월 23일

아침 일찍 출발하여 금천에서 점심을 먹었는데 수령은 이덕수(李德秀)이다. 읍의 중심을 옮긴 지 겨우 수십 년밖에 되지 않아 백성과 물자가 별로 번성하지 못하였다. 하지만 큰 내가 앞에 가득 차 흐르고 늙은 버드나무가 **빽빽**한데 푸른 낭떠러지가 물결 속에 깎은 듯이 서 있다. 이름하여 물에 비친 병풍, 영수병(映水屏)이라 하니 그럴듯한 놀이터가 될 만하다.

다음에는 평산을 지났다. 읍에 수십 걸음 못 미쳐 일련정이 있는데 이곳 수령 이겸회(李謙會)가 작년에 지은 것이다. 비록 물이 얕아서 바닥이 드러나는 흠은 있지만 연못 물이 밝고 맑으며 꽃과 버들이 열을 지어 퍽이나 고요하고 깨끗한 것이 사랑할 만하였다. 현판의 시문도 모두 수령 이겸회가 지은 것이다. 그는 무반이면서도 이와 같이 흥겨운 취미가 있으니 매우 가상하다. 저녁에 남천에서 묵었다. 이날 120리를 갔다.

二十三日

早發, 中火金川, 本倅李德秀. 邑基移設, 纔爲數十年, 民物不甚殷盛. 而大川前攙, 老柳簇立, 蒼崖削立波心. 名曰, 映水屏, 堪一玩也. 歷過平山, 未及邑居數十步, 有一蓮亭, 卽本倅李謙會昨年所建. 雖欠淺露, 池水瑩澈, 花柳分列, 頗蕭灑可愛也. 板上詩文, 亦皆李侯所作. 李以武倅, 能有如許風致, 甚可尙也. 夕宿南天. 是日行一百二十里.

✳

박내겸 일행은 경기도 개성과 금천(金川) 사이의 청석동(靑石洞)을 지나 황해도 땅으로 들어섰다. 청석동은 개성과 평양을 잇는 큰길 위에 있으며 좌우의 산줄기가 험준한 협곡을 이룬 곳으로서 북쪽을 방어하는 매우 중요한 요새였다. 개성 북동쪽의 대흥산성(大興山城)이 이것과 짝을 이루는 방어기지였다. 동시에 청석동은 경제적으로 풍요한 지역을 잇는 교통의 요지였으므로 도적들이 활개 치는 곳이었다. 16세기에 태종의 후손인 단천령(端川令) 이억순(李億舜)이 도적 임꺽정 무리에게 잡혔다가 장기인 피리 연주로 그들을 감동시켜 무사히 풀려난 곳도 이곳이었다(『연려실기술』, 『국조인물고』).

이날 이동한 120리는 박내겸이 암행어사로 활동하면서 하루에 가장 많이 움직인 거리이다. 그렇게 움직인 날은 모두 나흘이었고, 하루에 110리를 이동한 것이 모두 다섯 번이었다. 그는 하루에 대개 70리에서 90리를 이동하였다.[7] 물론 비가 오거나 출도 후 문서를 조사할 때는 한

---

7 박내겸이 기록한 군현간의 이동 거리를 조선 후기에 작성된 이정표와 대조해보면 약간 출입이 있는 경우도 있으나 대부분 일치한다. 『輿地圖』, 국민대학교박물관, 1996 참조.

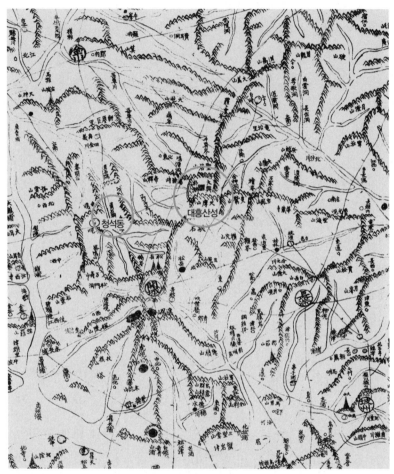

『동여』 중 청석동 부분, 서울대학교 규장각한국학연구원 소장.
개성에서 금천을 지나 평양을 잇는 큰길을 지키는 요새이다. 박내겸도 이 청석동을 지나 황해도에 접어
들었다. 오른쪽에 청석동과 짝을 이루는 대흥산성이 보인다. 『동여』는 김정호가 제작한 필사본 전국
지도이다.

곳에 머물러 있거나 20리나 30리만을 이동하는 경우도 많았다. 서울을 떠나 다시 돌아올 때까지 이동한 거리는 4,915리로서, 125일 동안 하루 평균 약 40리를 걸었다. 조선 후기 10리가 정확히 얼마나 되는 거리인지 불명확하지만, 지금까지 제시된 의견 중에 5.4km로 계산하면 그가 이동한 총 거리는 2,654km가 되고, 4.2km로 계산하면 2,064km가 된다.[8] 작게 잡아도 경부고속도로의 5배에 달하는 거리이다.

윤3월 24일

여러 수행인과 서로 길을 달리하여 갔다. 계현은 대로를 따라 바로 중화·평양·상원·순안 등지로 향하게 하였고, 경박과 치삼은 삼화 등 대동강가의 다섯 읍을 향하게 하였다. 나는 성부·노유종과 함께 곡산 쪽 길을 따라 바로 양덕으로 가는 방향을 잡았다. 아침 일찍 출발하여 가리탄에서 조금 쉬면서 술을 사서 마셨다. 주막 주인인 한 노인이 우리를 끌어들이고 마주 앉더니 흉년을 맞아 굶주리는 민간의 상황을 장황하게 말하였다. 또 전임 수령의 잘한 일, 못한 일과 간사한 아전이 민폐를 끼치는 상황을 대강 말하더니 "이른 봄에 전하는 소문에는 곧 암행어사 행차가 있을 것이라고 해서 사람들 마음에 꽤 두렵고 꺼려했는데, 이때까지 오래도록 소식이 없으니 괴상한 일입니다"라고 하였다. 내가 대답했다. "암행어사 행차가 비록 오지 않더라도 그 전에 먼저 소

---

8 양보경, 「「대동여지도」」, 《한국사 시민강좌》 23, 일조각, 1998, 51~52쪽.

문이 났다면 아래 위 사람들이 마땅히 함께 경계하고 두려워해서 법을 어기지는 않았을 터이니 다행한 일이겠소." 노인이 말했다. "나같이 어리석은 백성이야 비록 어사 행차의 소식을 잘 알지 못하지만, 관가와 아전들은 서울과 서로 통하니 암행어사가 오는지 안 오는지를 틀림없이 이미 환히 알고 있을 것입니다. 그래서 그 전처럼 법을 계속 어기는 것입니다." 나는 마음속으로 웃고 일어섰다.

대개 금천 이후의 지방에서는 굶주림이 너무 심하여 지나다니는 사람들 중에는 떠돌며 구걸하는 자가 많았고, 머물러 사는 사람들도 굶주린 탓에 얼굴에 누른빛이 돌았다. 하지만 이른바 진휼 사업이라는 것은 대상자를 너무 엄밀히 선정하여 집이나 땅이 있는 사람은 살아나갈 방법도 없고 고하여 호소할 곳이 없으니 슬픈 일이다.

신연포(新延浦)에서 점심을 먹고 신계현(新溪縣)을 지났는데 수령은 이회연(李晦淵)이다. 시내와 산이 맑고 그윽하여 풍경이 그지없이 빼어나니, 이곳이 바로 세상 일에 초연한 관리가 시를 읊조릴 만한 곳이었다. 마침 진휼 곡식과 죽을 나누어 주는 날이어서 정체가 드러나지 않게 굶주린 백성들과 섞여 현의 관청마당에 들어가 죽사발을 받아들었다. 현령은 한 동네의 가까운 친구인데도 나를 알아보지 못하니 안 보이는 곳에서 혼자 웃을 따름이었다. 저녁에 신곡원(新谷院)에서 묵었다. 이날 100리를 갔다.

二十四日

與諸從人, 分路作行. 季賢則使之從大路, 直向中和 · 平壤 · 祥原 · 順安等地, 景博·稚三則使之向三和等沿江五邑. 余與誠夫·盧吏, 從谷山路, 直向陽德. 早發, 少憩加里灘, 沽酒而飮. 店主一老翁, 延接對坐, 盛言閭閻飢荒之事. 因又略言前倅得失·奸吏作弊之狀曰, 春初則傳說繡行當來, 人心頗有畏憚, 而近久無聞, 可怪也已. 余曰, 繡行雖不來, 而旣有先聲, 則上下當共戒懼, 不至於犯法, 可幸也. 翁曰, 如我愚氓, 雖不能的知繡行消息, 而官家與吏屬, 則交通京洛, 必以明知繡行之來不來, 故依舊犯法矣. 余心笑而起. 大抵, 自金川以後, 飢事太甚, 行旅多流乞, 居民有菜色. 而所謂賑政, 過加精抄, 有屋有土之民, 契活沒策, 控訴無處, 可哀也. 中火新延浦, 歷新溪縣, 本倅李晦淵也. 溪山淸幽, 風景絶勝, 正是傲吏嘯詠處也. 適値分賑饋粥之日, 混跡飢民, 入縣庭受粥椀, 而主倅以同閈切友, 不能識認, 暗地自笑而已. 夕宿新谷院. 是日行一百里.

❋

박내겸이 평안도의 동쪽 끝에 있는 양덕을 향해 진로를 잡은 이유는 서울에서 평양으로 바로 가는 길을 피해 가능한 한 자취를 감추고 조용히 조사활동을 시작하기 위해서였을 것이다. 그러나 임무를 분담하여 일부 수행원들은 바로 평안도 남쪽 군현으로 가서 염탐을 계속하도록 하였다.

일행이 줄어든 어사가 가리탄 주막에서 만난 주인의 언행이나 그와 어사의 대화에는 새겨볼 만한 내용이 많다. 주막 주인은 처음 보는 나그네에게 백성이 굶주리는 사정은 물론 고을을 다스리는 수령의 잘잘못, 아전들이 벌이는 주민 수탈을 두루 이야기하였다. 특히 아전들이 불법적으로 백성들을 침탈하는 상황은 주막 주인과 나그네의 논의에서 상식이 되어 있다. 다만 수령에 대한 비판은 전임자에 한정되었을 뿐 현직 수령에 대해 비판을 가한 것은 아니다. 그곳 주막 노인이 정체를 알 수 없는 나그네에게 별다른 위험 없이 관의 통치를 비판할 수 있는 범위가 거기까지였다. 그런데 사람들을 많이 겪고 세상일에 밝았을 주막 주인이 암행어사 파견을 목마르게 고대하면서 이야기하는데, 앞에 앉은 나그네가 암행어사일 가능성은 전혀 생각하지 못했을까? 그 가능성을 충분히 염두에 두고 지역민으로서 적극적으로 의견과 정보를 제공하였다고 볼 수는 없을까? 적극적으로 관에 대한 불만을 표하는 주막 주인에 대해 암행어사는 어떻게든 현실을 긍정적으로 보자는 자세를 취했다.

조선시대에 정부에서 굶주린 민을 구제하던 사업으로는 환곡(還穀)이 가장 잘 알려져 있다. 나중에는 세금 이상으로 백성에게 큰 부담이 되었지만, 원래는 식량이 떨어지는 봄에 농민들에게 곡식을 빌려주었다가 가을에 추수가 끝난 후 최소한의 비용을 덧붙여 거두어들이던 것이다. 그 밖에 세금을 줄이거나 면제해 주는 정책이 흔히 시행되었고, 도시로 모여든 빈민에게 곡식을 나누어주거나 여기서처럼 죽을 끓여 배급하는 직접적인 방식도 있었다. 어느 경우든 그러한 사업에는 심각한 딜레마가 있었다. 구호 대상자를 엄격히 선정하면 대상이 되어야 할 사람이 혜택을 받지 못하는 경우가 생기고, 대상자 선정을 관대하게 한다면 그 절차를 잘 알고 있는 약삭빠른 자들이 더 어려운 사람들에게 돌아가야 할 몫을 가로채는 현상이 벌어졌다. 그 점은 현대 복지정책의 시행에서도 마찬가지이다. 여기서 죽 정도는 신분 확인 없이 나누어주지만 그 이상의 구제 사업에서는 엄격한 심사를 거쳐 대상자가 선정되며, 집이나 땅이 있다고 해서 흉년의 굶주림에서 모두 벗어날 수 없었음을 짐작할 수 있다. 몰래 관청 마당에 들어가 빈민 구호의 죽사발을 받아든 암행어사는 이제 본격적으로 민중의 눈높이에서 세상을 바라보고 경험하기 시작하였다.

윤3월 25일

일찍 출발하여 곡산에서 점심을 먹었다. 이곳 수령은 이규현(李奎鉉)이다. 외부와 단절된 산골짜기에 읍의 터가 넉넉하게 트여 있었다. 앞에 용봉(龍峰)이 있는데 신덕왕후(神德王后) 본가의 옛터이다. 비각 앞에는 버드나무를 심어 숲이 이루어졌는데 아마도 태조께서 왕위에 오르기 전에 계곡물을 떠내어 버드나무 잎을 띄워 바친 곳일 것이다. 식사 후에 호로천(葫蘆泉)에 걸어 올라갔더니, 샘 옆에 한가로이 거닌다는 뜻의 한보정(閑步亭)이 있었다. 전 수령 신위(申緯)가 세운 것이다. 샘은 절벽 바위 틈에서 나오는데 물줄기의 굵기가 회초리를 묶은 것만 하였다. 그것을 나무통으로 이어받아 파인 바위로 우물을 만들었는데 맑고 시원해서 떠 마실 만하였다. 신 부사가 호로병 하나를 잃어버렸는데 배고픈 까마귀가 물어다 샘 위에 버렸기 때문에 그 샘에 호로천이라는 이름을 붙였다고 한다.

성부가 수년 전에 이 읍에 유람온 적이 있었던 까닭에 친숙한 관리

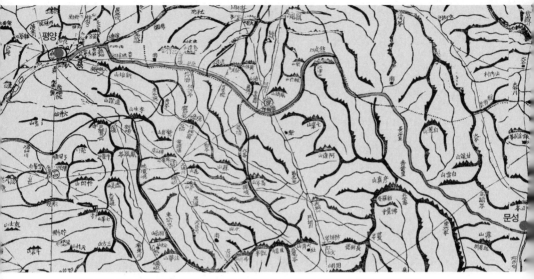

문성에서 평양까지 대동강 물길. 『대동여지도』(부분), 서울대학교 규장각한국학연구원 소장.
문성진은 교통의 요지에 있어 장시가 열리는 곳이었다.

몇 사람이 보러 와서 우리에게 가는 곳을 물었다. 그는 지금 양덕(陽德)
으로 책객이 되러 간다고 대답하고 또 나를 가리키며 "이 사람은 지금
영변으로 책객이 되러 가므로 동행하여 이곳에 왔다"고 하였다. 우스운
일이었다.

　저녁에 문성강(文城江)을 건너 문성진(文城鎭) 마을에서 묵었다. 골짜
기와 강, 산과 저자가 그림처럼 맑기 그지없는데, 물살이 매우 급해서
배로 가면 하루 만에 평양에 닿을 수 있다고 한다. 식사는 여관 주인이
칡가루 국수를 큰 사발에 주었는데 그것 또한 산골짜기의 좋은 맛이었
다. 이날 80리를 갔다.

二十五日

　早發, 中火谷山, 本倅李奎鉉也. 絶峽之中, 邑基寬敞. 前有龍峰, 卽神德王后本第舊基也. 有碑閣前植垂柳成林, 盖是太祖龍潛時, 斡溪水泛楊葉之處也. 飯後步上葫蘆泉, 泉邊有閑步亭, 卽前倅申緯所建也. 泉從絶壁, 石罅中出, 大如束楚, 承以木桶, 築石爲井, 淸洌可掬. 申倅失一葫蘆甁, 飢鳥啄去, 遺之泉上, 故仍以名泉云. 誠夫數年前, 曾客遊於是邑, 故官吏親熟者數人, 來見叩去處. 則答以方向陽德爲册客, 又指余曰, 此則方向寧邊爲册客, 故同行來此云, 可笑. 夕渡文城江, 宿鎭底村. 峽江山市, 淸絶如畵, 水勢甚急, 船行一日, 可抵平壤云. 店主餉以葛粉麵一大椀, 亦峽中佳味也. 是日行八十里.

✿

　신덕왕후는 태조 이성계의 둘째 부인이며 왕자 방번과 방석의 생모로 황해도 곡산 또는 신천이 본관인 강씨(康氏)이다. 고려 말에 이성계가 길을 가다가 물을 청했는데 강씨가 물 위에 버드나무 잎을 띄워 드렸다. 이성계는 처음에 그것을 보고 노여워했으나 "급히 마시면 물에 체할까 염려해서입니다" 하는 답을 들은 후 그 말을 가상히 여겨 예를 갖추어 아내로 맞이했다는 고사가 널리 전해져온다. 다산 정약용만 하여도 현지의 노인들에게서 그 이야기를 듣고, 곡산은 이성계의 본거지인 함경도에서 개성을 오가는 길가에 있으므로 근거가 없지 않다고 임금에게 보고하였다.[9] 그런데 고려 태조 왕건과 나주 호족의 딸인 장화왕후(莊和王后) 사이에도 동일한 내용의 고사가 전해진다.

책객(冊客)이란 조선 후기의 수령이 개인적으로 거느려 참모 역할을 맡긴 존재였다. 그들은 지방 사정이나 행정 실무에 밝지 않은 수령을 도와 재판이나 회계 업무를 보좌하였으나, 수령의 수탈 행위를 일선에서 담당하거나 스스로 모리행위에 나서는 경우도 많았다. 성부가 곡산 관원들에게 한 이야기는 거짓이었지만, 그와 박내겸이 각기 책객이 되러 간다는 이야기가 통한다는 사실에서 당시 책객 지망자가 수령과의 인연이나 계약을 따라 곳곳에서 이동하던 상황을 짐작하게 한다.

윤3월 26일

아침 일찍 문성관을 떠나 명탄의 여관에서 점심을 먹었다. 여관이 큰 시내를 내려다보며 자리 잡았는데 내에는 작은 배가 늘어진 버들가지 사이로 왕래하는 것이 또한 신기한 볼거리였다. 하남산(河南山) 아래에 도착하여 멀리 치마도(馳馬道) 기념 비각이 날개를 편 듯이 산줄기를 마주해 있는 것을 올려다보았다. 선왕 정조가 직접 지은 비문을 서장보가 수령으로 있을 때 세운 것이다.

사고개를 넘으면 관서 지방인 평안도와 황해도의 경계이다. 경계 지점의 여관에 도착하여 사람과 말을 머물러 두고 나만 다른 일행 몇 명과 함께 저녁 어스름을 타고 양덕현으로 걸어 들어갔다. 길을 떠난 후 인마를 많이 거느리고 일제히 읍에 들어가면 고을 사람들이 모두 문득

---

9   丁若鏞, 『茶山詩文集』 제10권, 「啓」, 「神德王后康氏谷山本宮形止啓」.

의심을 품어 깊이 살펴보았었는데, 오늘은 이상하게 보는 사람이 한 명도 없었다. 참으로 등애(鄧艾)가 촉나라에 들어가는 상황이었다. 밤에 이씨 성의 중군(中軍)의 집에 묵었다. 이곳 수령은 이석구(李錫龜)인데 순찰중인 관찰사를 맞이하기 위해 성천에 가서 돌아오지 않았다고 한다. 이날 110리를 갔다.

二十六日

早發文城關, 中火鳴灘店. 店臨大川, 川有小艇, 往來垂柳中, 亦奇觀也. 行到河南山下, 望見馳馬道碑閣, 翼然臨山巓, 卽先朝御製, 而前倅徐台長輔時所竪也. 踰四古介, 卽關海交界也. 到地境店, 留置人馬於店舍, 獨與數人, 乘暮步入陽德縣. 自發行後, 多率人馬, 齊入邑底, 則邑人輒皆致疑探察, 而此日無一人怪視者, 眞鄧艾入蜀之勢也. 夜宿李中軍家. 本倅李錫龜, 爲巡路延候, 往成川未還云. 是日行一百十里.

✿

곡산의 신덕왕후 본가 터와 태조 이성계가 말달리던 하남산의 치마대 유적에 정조 23년(1799)에 기념비를 세웠다. 이 비석을 세우기 위해 지도를 그려 보고하는 것을 비롯하여 황해도 관찰사와 수령, 국왕 사이에 많은 논의가 있었다.

등애는 중국 위·촉·오의 삼국시대에 위나라의 명장으로 촉을 공략하는 공을 세웠다. 암행어사는 자기가 남몰래 양덕에 들어가는 광경을,

수비를 엄중히 하지 않은 쪽에 등애가 잠입하던 고사에 비긴 것이다. 박내겸은 평안도에 들어온 후 자기 신분을 감추는 데 한층 유의하고 있다.

박내겸이 묵은 집의 주인인 중군은 그 고을의 장교이다. 지방의 장교들은 상업이나 여관업을 하거나, 또는 그렇게 해서 돈을 번 자들이 지방의 장교로 진출하는 경우가 많았다. 영조나 정조는 평안도의 무사들에게 깊은 관심을 기울이고 특수 부대를 운영하면서 그들을 정부 조직 안으로 끌어들이기 위해 힘썼는데, 그것은 단순히 옛 전통대로 평안도 무사들이 용맹하였기 때문만은 아니고 바로 그들이 가지고 있는 튼튼한 경제력에 주의를 기울인 것이었다. 여기 주인인 장교가 현직 장교인지 아니면 중군을 역임한 자를 그렇게 부른 것인지는 알 수 없으나, 그 집을 일반 가정이라기보다는 일종의 여관으로 보는 것이 타당할 듯하다. 이후에도 박내겸 일행은 장교나 아전들이 주인인 여관에 묵는 경우가 많았다.

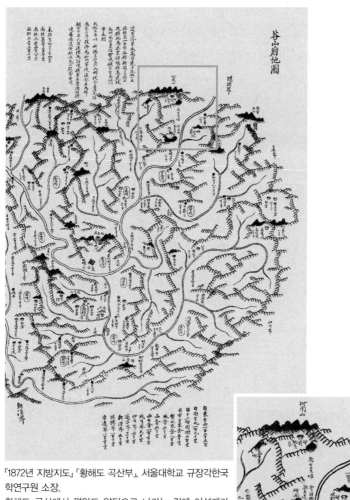

「1872년 지방지도」「황해도 곡산부」, 서울대학교 규장각한국
학연구원 소장.
황해도 곡산에서 평안도 양덕으로 나가는 길에 이성계가
말달리던 유적이 그려져 있다. 「1872년 지방지도」는 대원군
의 정책에 의해 제작된 전국의 군현별 지도이다.

양덕 → 성천 → 강동 → 삼등 → 상원 → 중화 → 평양

순조 22년 윤3월 27일~4월 9일

평안도 동남쪽을 돌아
평양으로 향하다

윤3월 27일

　일찍 출발하였다. 다른 사람들과 벽하루에서 만나기로 약속하였다. 온정원에 들러보니 우물은 바위틈에서 나오는 물줄기가 가시나무 다발만큼 굵었다. 산의 너머도 역시 그러했다. 각기 욕실을 두었는데 물이 처음 나오는 곳은 뜨거워서 손을 넣을 수가 없었다. 원창에서 점심을 먹었다. 양덕 현감의 행차를 만나게 되어 길가 집으로 피해 들어갔다가 좌수 이철수(李哲秀) 집으로 찾아 들어가 저녁밥을 얻어먹었다. 서창에서 묵었다. 이날 80리를 갔다.

　二十七日

　早發. 與諸人約會於碧霞樓. 歷溫井院, 井從石罅出, 大如束楚. 山背亦如是矣. 各置浴室, 水始出處, 則熱不可入手矣. 中火院倉. 逢陽倅行, 避入路傍舍. 歷入李座首哲秀家, 乞食夕飯. 宿西倉. 是日行八十里.

❋

양덕은 백두대간에서 해서정맥이 갈라져 나오는 곳에 산줄기로 둘러 싸여 서남쪽만이 트여 있다. 곳곳에 온천이 많았다. 뒷날의 이야기이지만, 박내겸이 들렀던 온정원은 양덕의 대탕지(大湯池) 온천을 말하는 것 같다. 이 온천은 1930년 한 신문사에서 주최한 전국 명승지 인기투표에서 1위를 차지하기도 하였다. 동쪽에 있는 석탕 온천은 온도가 섭씨 71도에 달하였다니, 적당히 온천 간판을 내건 오늘날의 여느 온천과 비교할 수는 없는 일이다.[1]

박내겸은 평안도의 동쪽 끝인 양덕으로 들어가서, 방향을 서쪽으로 바꾼다. 원창(院倉)은 양덕현의 온천이 있는 온정원의 창고 또는 그곳의 지명이다. 옛날에는 기본적인 재화가 곡식이었고 세금도 대개 그것으로 거두었으므로 지방 관아의 곡식을 보관하는 창고가 중요하게 부각될 수밖에 없었다. 창고 이름이 그대로 지명인 경우가 허다하였다.

1　평안남도지 편찬위원회, 『평안남도지』(발행처 미상), 1984, 1095쪽.

윤3월 28일

일찍 출발하여 가창(椵倉)에서 점심을 먹었다. 창고 마을은 평안도와
함경도가 서로 통하는 큰 길이다. 화물은 산처럼 쌓이고 마을은 넉넉하
고 번성하여서 산골짜기의 큰 도회였다. 저녁에 구암에서 묵었는데 이
곳은 성천 땅이다. 이날 95리를 갔다.

二十八日

早發, 中火椵倉. 倉村卽關西北交通大路也. 物貨山積, 閭井殷盛, 亦峽中大
都會也. 夕宿鳩巖, 卽成川地也. 是日行九十五里.

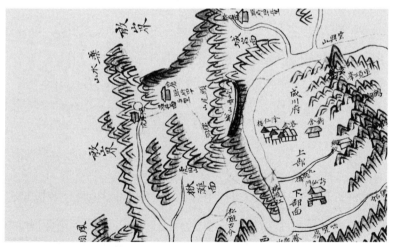

『해동지도』「평안도 성천부」(부분), 서울대학교 규장각한국학연구원 소장.
『해동지도(海東地圖)』는 서울대학교 규장각한국학연구원에 소장된 군현별 전국지도이다. 18세기 중엽에
중앙정부에서 작성하였으며, 1995년 소장처에서 원색대로 영인 간행하였다.

가창은 『해동지도』, 『동여도』 그리고 1872년 「양덕현」 지도에서 별창 (別倉)으로 표기된 곳을 가리키는 것으로 보인다. 1872년 지도에는 그곳에서 장시가 열린다고 특별히 밝혀져 있다. 평안도와 함경도 사이에는 험한 산맥이 있어 교통이 용이하지 않았으며 함경도의 남쪽 끝에서 양덕으로 통하는 길이 가장 중요한 교통로였다. 홍경래의 난이 일어나 함흥의 특수 부대 친기위가 진압군으로 동원되었을 때에도 남쪽으로 한참 우회하여 양덕을 거쳐 평안도로 출동하였다. 그런 교통로에 자리 잡았으므로 박내겸이 지나던 때에도 상업의 중심지 역할을 하고 있었을 것이다. 한편 양덕은 도적떼가 출몰하는 곳이었다. 영조대의 논의에서는 양덕과 맹산 사이에 태산과 준령이 많아서 무인지경이기 때문에, 죄를 짓고 도망한 자들이 점거하여 소굴을 이루었다고 하였다.[2] 하지만 양덕에 도적떼가 자리 잡은 것은 치안이 허술해서만은 아니고 그곳이 함경도·강원도와 평안도를 잇는 교통로였기 때문이었을 것이다.

윤3월 29일

비가 조금 왔다. 급히 달려서 성천에 도착하였다. 수령은 이기연(李紀淵)인데 마침 관아에 없었다. 수행원들과 흩어져서 혼자 강선루(降仙樓)

---

2 한상권, 「18세기 중·후반의 농민항쟁」, 『1894년 농민전쟁 연구 2』, 역사비평사, 1992, 84쪽.

로 갔는데 문이 닫혀 들어갈 수가 없었다. 문지기에게 간절히 부탁한 후에야 겨우 들어갔다. 규모가 크고 아름다우며 앞이 탁 트이고 넓었다. 처음 보는 광경이었다. 맑은 강과 절벽 또한 넓고 온화하여 이름은 거저 얻어지는 것이 아니라고 할 만하였다.

홀로 앉아 있다 무료하여 누 아래로 내려가니 맹인 한 명이 있었다. 갈 길의 길흉을 물었더니 점대를 뽑아 진(震)에서 서합(噬嗑)으로 변하는 괘를 얻었다. 맹인이 말하기를 "손님은 지금 쇠를 차고 있으니 필시 지사일 것입니다. 점괘에 백리를 진동시켜 놀라게 하는 상이 있으니 장차 반드시 관서에서 크게 이름을 얻을 것입니다. 또한 횡재수가 있으나 길에서 모두 녹아 없어져 가지고 갈 수는 없습니다" 하였다. 아마 내가 몸에 마패를 차고 있으므로 지사로 오인한 것일 터인데, 우스운 일이다.

본관 수령이 돌아오기를 기다려 날이 저문 후 공주 박서방을 자칭하고 관아 문으로 가서 명함을 넣었다. 내가 본관 수령과 어려서부터 매우 친한 데다 그가 잘 다스린다는 소문이 매우 많아 꺼릴 것이 없기 때문이다. 그는 기쁘게 맞아들이더니 구걸하는 객으로 대접하여 베개를 나란히 한 채 밤새워 이야기하였다. 그래도 관속들은 의심하는 사람이 없었으니 육신에 갖춘 눈이란 참으로 우스운 것이다. 오로지 늙은 기생 하나가 깊숙이 들여다보더니 말하였다. "손님께서는 말에 부끄러움이나 주저함이 없고 기운이 빼어나니 이미 높은 자리에 오른 분 같습니다. 장차 오래지 않아 반드시 존귀해지고 이름이 높아질 것입니다." 이날 15리를 갔다.

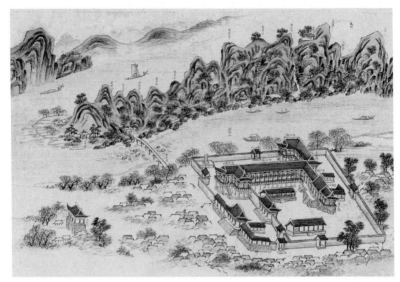

평안도 성천 강선루, 『관서명승도첩』, 서울역사박물관 소장.
식민지 시기에 읍내 맞은편 12봉의 중간을 끊어 불류강을 직류하게 함으로써 왼쪽 곡류부분이 육지로
변하고 그림에서 보는 수려한 경치는 사라지고 말았다.

二十九日

小雨. 馳入成川. 本倅李紀淵, 適不在衙矣. 與從人輩各散, 獨向降仙樓, 門
閉不可入. 懇乞閽者, 後乃入. 宏麗敞豁, 眞刱覩也. 澄江絶壁, 亦甚蘊藉, 可
謂名不虛得. 獨坐無聊下樓, 有一盲者, 問行路休咎, 拈著得震之噬嗑. 盲者曰,
客方佩鐵, 必是地師也. 卦爻有震驚百里之象, 必將大得名於關西. 亦有橫財數,
而消瀜於路中, 不可帶去云. 盖余方身佩馬牌, 故誤認以地師也, 可笑. 待本倅
還, 昏後自稱公州朴書房, 詣門通刺. 盖余於本倅, 少小親熟, 且本倅治聲甚多,
無可爲嫌故也. 本倅欣然迎接, 待以求乞之客, 聯枕達宵, 而官屬無人致疑, 肉
眼眞可笑也. 惟一老妓熟視曰, 客位, 言語不羞涉,[3] 氣宇甚英發, 頗似已達之人,

必將不久貴顯矣云. 是日行十五里.

✤

어느 고을이나 객사가 있게 마련이었지만 성천의 객사는 다른 고을의 여느 객사와 비교할 수 없을 정도로 훌륭하였다. 두 겹 문을 지나 들어가면 본채인 동명관(東明館) 외에 좌우에 통선관(通仙觀)과 유선관(留仙觀)이 있었고 십이루(十二樓)니 청하문(淸霞門)이니 하여 많은 부속 건물이 있었다. 강선루 역시 동명관에 딸린 건물로서, 규모가 31칸에 달하는 대규모 누각이었다. 불류강(佛流江, 대동강의 성천 부근을 가리킴)에 우뚝 솟아서 강 건너에 있는 명승 무산십이봉(巫山十二峯)을 마주 대하고 있었다. 이곳은 관서 8경의 하나이다.

『주역(周易)』에 의하면 음효(陰爻, --)와 양효(陽爻, —)가 3개 어울려 양효 셋의 건(乾, ☰)부터 음효 셋의 곤(坤, ☷)에 이르는 팔괘(八卦)를 이루고, 그것을 다시 중첩시켜 음효와 양효 6개가 어울린 중괘(重卦) 64괘를 얻는다. 그런데 괘의 효가 노음(老陰)이거나 노양(老陽)일 경우 음양이 변하여 다른 괘로 변하게 된다. 이 경우 처음 얻은 괘를 본괘(本卦)라고 하고 그것이 변화한 괘를 변괘(變卦) 또는 지괘(之卦)라고 하였다. 여기서는 본괘로 진괘(震卦, ䷲)를 얻었는데 그 변괘가 서합괘(噬嗑卦, ䷔)인 것이다. 서합괘는 번개와 우레를 상징한다.

---

3 涉은 澁(삽)의 오기인 듯함. 羞澁(수삽)은 부끄러워 머뭇거리다는 뜻이다.

이기연은 헌종 초년에 이조판서 등을 거쳐 철종대에는 형조판서를 지냈는데, 뒷날 우의정을 맡게 되는 친형 이지연(李止淵)과 더불어 19세기 전반 세도정치 시기의 정치적 부침을 겪은 인물이다. 이기연은 아들 이인기(李寅虁)를 당대 최고 권력자 김조순(金祖淳)의 아들인 김유근(金逌根)의 딸과 결혼시켰다. 하지만 이기연·이지연 가문은 당대 세도정치의 또 다른 축인 풍양 조씨 가문과도 이중으로 사돈이 되었다. 이지연의 아들은 순조의 아들 효명세자(孝明世子)의 장인인 조만영(趙萬永)의 딸에게 장가들었으며, 이기연의 또 다른 형 이회연(李晦淵)의 아들은 조만영의 동생인 조인영(趙寅永)의 사위로 들어갔던 것이다. 또한 이지연은 어렸을 때부터 조인영과 우의를 맺고 있었다. 그들 형제는 김유근 등의 안동 김씨 가문보다 풍양 조씨 조만영 가문 세력의 유력한 지지 기반이었다.

이지연, 이기연 형제가 개인적인 이득을 탐한 흔적은 나타나지 않는다. 헌종 6년(1840)에 정계에서 축출될 때 반대파로부터 탐학하다는 공격을 받기도 하지만 그것은 권력 투쟁에서 나온 비난일 뿐이었다. 이 일기에서도 뒤에 이기연에 대한 지역 주민의 전폭적인 지지를 확인할 수 있다. 따라서 박내겸이 그를 비밀 조사의 대상으로 삼지 않고 신분을 드러낸 채 개인적 만남을 가진 것은 수긍할 만한 일이다. 하지만 박내겸이 이기연에 대해 어려서부터 매우 친했다느니, 잘 다스린다는 소문이 매우 많다느니 하고 적은 것은 역시 어사의 업무 지침을 어기고 현지 수령에게 정체를 드러낸 것이 떳떳하지만은 않았음을 암시한다.

자기 신분을 알아보는 사람들이 없다고 적은 것 또한 마찬가지이다.

오랜 기생으로 살아오면서 세상 물정에 밝고 거칠 것이 없게 된 '늙은 기생'은 박내겸이 특별한 손님이라는 사실을 알아보았을 뿐만 아니라, 그에게 직접 그런 사실을 밝히기까지 하였다. 박내겸의 희망과 달리, 성천부에서는 암행어사가 찾아온 듯하다는 소문이 돌았을 것이다.

4월 1일

비가 조금 왔다. 일찍 나섰으나 비로 인해 출발이 늦어졌다. 저녁에 강동에 이르렀다. 본관 수령은 윤심규(尹心圭)이다. 산수는 온화하여 편안했고 마을은 빗살처럼 늘어섰다. 만류제는 홍양호(洪良浩) 판서가 현

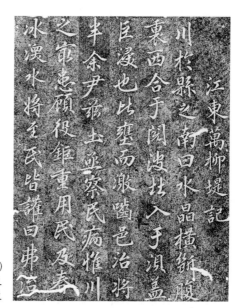

『강동만류제비』(탁본)
저자 홍양호.
서울대학교 규장각한국학연구원 소장.

감으로 있을 때 쌓았으며 그가 관찰사로 있을 때 비석을 세웠다. 기다란 둑에 버드나무 빛이 꽤나 볼 만하였다. 필련문(匹鍊門)과 영금정(映金亭)도 매우 아름다웠다. 이날 50리를 갔다.

四月

初一日

小雨. 早出而緣雨晚發. 夕抵江東. 本倅尹心圭也. 山水穩藉, 閭井櫛比. 萬柳堤, 卽洪判書良浩莅縣時所築, 而按藩時立碑. 長堤柳色, 頗可觀. 匹鍊門・映金亭 亦甚佳也. 是日行五十里.

✳

만류제는 성천에서 발원하여 대동강으로 흘러드는 수정천(水晶川)이 홍수 때 강동 읍내로 범람하는 것을 막기 위해 쌓은 것이다. 다만 박내겸의 서술처럼 홍양호가 처음 쌓은 것은 아니고, 일찍부터 여러 차례에 걸쳐 축조되었다. 『강동지(江東誌)』에 따르면 경종대 1724년에 현감 안성시(安聖時)가 제방을 쌓았으며, 10년 후 현감 이명환(李明煥)이 제방을 보수하며 버드나무를 심었다. 조선후기의 학자 관인 홍양호가 1759년 (영조 35) 이곳 현감으로 있을 때 돌을 이용하여 개축하고 버드나무까지 많이 심어 제방을 튼튼히 하였다. 만류제라는 이름을 이때 붙였으며 그것을 새긴 비석도 세웠다. 후에 평안도 관찰사로 부임한 홍양호가 1791년(정조 15)에 비석에 이끼가 끼고 글자가 마모된 것을 보고 강동만류제비(江東萬柳堤碑)를 다시 세웠다. 1791년 비석의 탁본이 국립중앙도서관과 서울대학교 규장각한국학연구원에 소장되어 있다.

4월 2일

일찍 출발하여 삼등에서 점심을 먹었다. 본관 수령은 김영익(金永翼)이다. 황학루에 올라 맑은 강물을 굽어보고 푸른 절벽을 앞에 대하니 또한 매우 후련하고 깨끗한 곳이었다. 여기서 배로 6, 7리면 삼십육동천(三十六洞天)에 닿을 수 있다고 한다. 그곳은 엄기(嚴耆) 참판이 현감으로 있을 때 그윽하고 아름다운 곳을 찾아 처음 골의 이름을 붙인 것이다. 그 후로 지방에 파견된 신하들이 머물러 놀면서 즐겨 감상하지 않는 이가 없었다. 일전에 관찰사 김이교(金履喬, 호는 죽리(竹里))가 지방을 순찰할 때 서너 수령들과 모이기로 약속하여 상원으로 배를 타고 내려가 바로 평양에 도달하였다고 한다. 나는 갈 길이 매우 바빠 찬찬히 돌

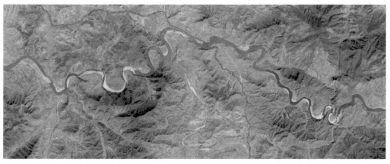

'구글어스(Google Earth)'에서 내려다 본 삼십육동천 주변. 범상치 않은 대동강 줄기를 읽을 수 있다.

아볼 틈이 없었다.

우연히 이 읍의 전 향임인 주원(朱遠)이라고 하는 자를 만나 삼십육동 천의 경치 좋은 곳을 물으니, 삼등 백성은 동천 구경하는 손님들을 모시느라 지탱하기가 힘들다고 대답하고 심지어 동천이 천벌을 받은 후에야 삼등 백성이 버텨낼 수 있을 것이라고까지 말한다고 하였다. 산수를 유람하는 것이야 멋진 일이지만 윗자리에 있는 사람은 이것을 생각하지 않으면 안 될 것이다.

저녁에 상원군에 닿았는데 본관 수령은 이병희(李秉熙)이다. 시간은 해지는 저녁이 되었으나 들어가 묵을 곳이 없어 길가 달팽이같이 작은 집에 간절히 부탁하였는데 관노로 일하고 있는 자의 집이었다. 다행히 받아들여져 그곳에서 묵었다. 이날 100리를 갔다.

初二日

早發, 中火三登. 本倅金永翼也. 登黃鶴樓, 俯臨淸江, 前對蒼壁, 亦極蕭灑之地. 自此舟行六七里, 可抵三十六洞天云. 是嚴參判者莅縣時, 探幽搜勝, 始創洞名. 自其後往來使星, 無不留連翫賞. 日前竹里行部時, 亦約會三四邑宰, 舟下祥原, 直抵箕城云. 余則行甚忙, 無由歷覽. 偶逢本邑前鄕任朱遠者, 詳問洞中諸勝, 則答云, 三登之民, 難支於洞中供億, 至云洞天天罰然後, 登民可支云. 遊覽山水, 固是勝事, 而爲人上者, 亦不可不念此也. 夕抵祥原郡, 本倅李秉熙也. 時値日暮, 無處投泊, 懇乞路傍蝸屋, 卽時役官奴之家也. 幸得容接, 仍止宿. 是日行百里.

삼십육동천은 대동강의 지류인 능성강(能成江)을 사이에 두고 황학루와 마주하는 앵무주(鸚鵡洲) 너머의 기이한 경관으로 삼십육동, 육육동(六六洞)이라고 불리기도 하였다. 19세기 이전에는 널리 알려지지 않았지만, 19세기 들어서는 중앙의 유명인들도 그에 관한 적지 않은 시문을 남겼으며, 서울역사박물관에 소장된 『관서명승도첩』에 그 그림이 실려 있다.[4]

평안도관찰사 김이교는 전 해인 순조 21년 5월 24일에 임명되었다. 그는 당시 최고 권력자 김조순(金祖淳)의 아버지 항렬의 인사로서, 정치적 행보도 김조순 세력과 함께하였다. 순조 즉위 이후 권력을 잡았다가 정순왕후가 수렴청정을 마칠 때 실권했던 벽파 세력이 1812년 정치적 복권을 기도하자 그것을 무산시키는 데 참여했다. 김이교는 또한 김조순의 권력 장악에 기여한 조득영(趙得永)을 보호함으로써 안동 김씨 세력과 풍양 조씨 세력의 연합에 나서기도 하였다. 정치적 입지가 핵심 권력집단을 바탕으로 하였으므로 사람마다 선망하는 평안도관찰사에 임명될 수 있었다.

조선후기 평안도관찰사는 군사적·정치적으로 매우 중요했지만 특히 경제적으로 독보적인 특권을 누리는 자리였다. 정약용(丁若鏞)은 국영 농장을 운영하자고 주장하면서 관찰사의 수입을 줄여 농장을 매입

---

4 박정애, 『조선시대 평안도 함경도 실경산수화』, 성균관대학교 출판부, 2014, 113~117쪽 참조.

평안도 삼등 육육동, 『관서명승도첩』, 서울역사박물관 소장.

할 비용을 마련하자고 제안하였다. 정약용의 말에 따르면 당시 평안 감
사의 1년 수입[세식(歲食)]은 24만 냥이며 그중 절반이 공용(公用)이었다
고 한다.[5] 이때의 세식이 정확히 연봉을 뜻하는 용어인지, 공용이 실제
어떤 내용을 가리키는지 확실하지 않다. 하지만, 공용이라고 한 절반을
떼어내고서도 평안 감사의 매년 소득은 12만 냥이 된다. 정약용의 주장
대로 그중 5분의 4를 떼어내 공전(公田)을 매입하게 한다 하더라도 관
찰사에게 24,000냥이 돌아간다. 이것은 황해도관찰사가 받는 세식 3만

5 고석규, 「18세기 말 19세기 초 평안도 지역 鄕權의 추이」, 《한국문화》 11, 서울대학교 한국
   문화연구소, 1990, 367쪽.

냥 중 공용이 1만 냥이고, 개혁 후에 감사가 4,000냥을 받도록 한 것과
비교하더라도 엄청난 액수이다. 많은 무리가 따르긴 하지만 공용을 제
외한 평안도관찰사의 1년 수입 12만 냥을 쌀값을 기준으로 단순 계산
하면 오늘날 63억 원에서 92억 4천만 원의 금액이 된다. 조선후기 한
말의 부피를 5.5리터, 1리터의 무게를 800그램으로 계산한 후, 당시 쌀
1석의 정부 공식 가격 3냥, 일반 시장가 5냥을 대입하여 오늘날 고급미
의 가격을 기준으로 계산한 것이다. 전근대 사회에서 쌀의 가치는 오늘
날과 비교조차 할 수 없이 높았으므로 실제 관찰사의 수입은 이 수치보
다 훨씬 더 컸을 것이다.

　조선후기 평안도에는 막대한 재정이 쌓였다. 병자호란 이후 청과의
또 다른 전쟁 가능성 때문에 곡식과 돈을 군사비로 쌓아두었고, 외교사
절의 왕래에 대비해서도 많은 재정이 축적되었다. 점차 청과의 외교 관
계가 안정되고 사신 왕래가 줄어들자 그 재정은 상업자본으로 활용되
었다.[6] 그런 상황에서 평안도관찰사는 오늘날 개념으로 최고경영자의
성격을 지녔을 것이라고 본다. 그런 점을 고려하더라도 앞에 제시한 금
액은 믿기 힘들 정도로 많은 것이 사실이다. 당시 정부 재정의 규모를
생각하면 더욱 그렇다. 하지만 정약용이 체계적인 주장 속에 제시한 숫
자를 간단히 무시할 수 없거니와, 꼭 그대로 받아들이지는 않는다 하더
라도 평안도관찰사의 수입이 엄청났다는 사실만은 짐작할 수 있다. 그
러니 정권의 핵심에 있으며 정치적 실력을 인정받은 인사들만이 평안도

6　오수창, 『조선후기 평안도 사회발전연구』, 일조각, 2002, 135~150쪽.

관찰사로 나갈 수 있었다. 19세기 전반 최고의 실권자 김조순의 아들 김유근이 서울이 아닌 지방에 유일하게 파견되었던 관직도 이 평안도 관찰사였다. "평안 감사도 저 하기 싫으면 그만"이라는 속담이 우연히 나온 것이 아님을 알 수 있다.

4월 3일

주인이 관청에 일하러 나갔기 때문에 집에 남은 사람은 주인의 처인 예쁜 젊은 여자뿐이었다. 나는 그것이 꺼려져 혼자 머물러 있을 수가 없어서 바로 따라 나갔다. 그러나 밤이라서 캄캄하고 비오는 날씨여서 나아가거나 물러갈 길이 막혔다. 마침 한 술집에서 등을 켜고 국을 끓이는 것을 발견하여 뛰어 들어가 술을 사서 부엌의 화롯불을 대하고 있노라니 하늘이 밝아지고 비가 그쳤다.

동행하던 사람들을 찾아내 함께 출발하였다. 반천에 도달하여 성부와 노유종을 만나 함께 가다가 중화 촌마을의 집에 당도하여 머물러 묵었다. 본관 수령은 백능수(白能洙)이다. 이날 50리를 갔다.

初三日

主人因官役出去, 在家者, 卽主人之妻, 一少艾也. 余嫌不可獨留, 因卽隨出, 而夜黑天雨, 進退路阻. 適見一酒家, 點燈作羹, 投入沽酒, 對竈燎火, 天明雨止. 搜索同行人偕發. 到盤泉, 逢着誠夫·盧吏偕行, 抵中和村舍止宿. 本倅白能洙也. 是日行五十里.

박내겸은 사회에서 가장 낮은 신분에 속하는 관노의 아내에게 내외의 예를 지켰다. 그것이 진정 상대방을 존중하는 예의에서 나왔는지, 단지 자신의 행동거지를 바르게 하였을 뿐인지는 알 수 없다. 하지만 진정한 동기가 무엇이었든 최상층 엘리트인 박내겸이 일신의 큰 불편을 감내하면서 사회의 최하층민에 대하여 예절을 지켰다는 사실만은 틀림이 없다.

4월 4일

일찍 출발하여 중화에 다다랐다. 지금까지 지나온 곳은 모두 산골짜기의 읍이었으므로 민간 풍속이 어리석고 민첩하지 못하여 전혀 우리 일행을 알아보지 못하였으나, 이곳 이후로는 이제 서울에서 의주를 잇는 서관대로로 나섰으므로 간혹 의심을 품어 따져 묻는 자도 있었다. 지나가던 역졸들은 내가 탄 말을 보더니 "이것은 바로 청파역의 말인데 어떤 사람이기에 민간인 복장으로 이렇게 타고 다니는가?"라고까지 하였다. 영제교[7]에서 점심을 먹었다. 자(字)가 덕유인 유형원(柳馨源) 군은 일찍이 약속을 해 둔 자인데, 출발이 늦었지만 먼저 도착해 있었다. 그와 상봉하여 집에서 보낸 안부 편지를 보았다.

---

7 평양으로 들어가는 다리이다.

장림으로 바삐 나가 멀리 평양성을 바라보니, 누대와 성첩이 큰 강 절벽 위에 맑게 빛나서 마음과 눈을 시원하게 틔워 주었다. 강을 건너는데 뱃사람 역시 사람들을 사람을 많이 겪어본 자라서 앞에 와서 따져 물었다. 대답하기가 정말 힘들었다. 이윽고 일행 및 말과 흩어져 각자 성으로 들어갔다. 여관 하나를 찾아 머물러 묵었다. 감사는 김이교이며, 판관은 한백연(韓百衍)인데 아직 부임하지 않았다. 조금 쉰 뒤에 연광정에 올라갔다. 하늘을 찌르는 누각, 번잡한 나루의 커다란 배들, 땅 끝까지 가득한 마을, 강을 따라 계속되는 나무와 숲. 이리저리 둘러보느라 다른 겨를이 없고 무어라 이름 붙일 수 없으니 진실로 한평생의 장관이었다.

계현은 먼저 도착하여 감영 막사에 머무르고 있다고 하였다. 그리하여 저녁밥을 먹은 후 그에게 소개하도록 하여 감영에 들어가 평안 감사를 뵈었다. 이는 계현이 감영 막료의 직책을 띠고 있어 남의 의심을 피할 수 있었고, 평안 감사도 친숙하고 믿고 의지하는 사이였기 때문이다. 조용히 이야기를 나눈 후 나와서 여관으로 돌아와 묵었는데 이미 닭이 울었다. 이날 50리를 갔다.

初四日

早發. 到中和. 過去沿路, 都是峽邑也, 民俗愚蠢, 渾不能知得. 而自此以後, 始出西關大路, 或有致疑詰問者. 過去之驛卒輩, 見余所騎, 至曰, 此是靑坡駬騎也, 何人微服騎此云. 中火永濟橋. 柳生馨源, 字德惟, 曾所有約者也, 追來先到, 與之相逢, 見家中安信. 馳出長林, 望見箕城, 樓臺城堞, 照耀於長江絶

「기성전도」(부분), 서울대학교 규장각한국학연구원 소장.
왼쪽 아래 영제교는 평양으로 들어가는 다리로 이곳을 지나면 장림이 펼쳐진다.
박내겸은 이 장림에서 평양성의 장관을 바라보았다.

壁之上, 已令心目爽豁矣. 渡江之際, 舟人亦閱人者也, 前來探問, 誠亦苦矣. 遂與人馬分散, 各行入城, 討一旅店止泊. 監司金履喬, 判官韓百衍, 未赴任矣. 少憩後登練光亭, 挿天之樓閣, 迷津之舸艦, 撲地之閭閻, 沿江之樹林, 應接不暇, 不可名狀, 信平生壯觀也. 季賢先已來到, 留在營幕云. 故夕飯後, 使之紹介, 入見箕伯, 盖季賢方帶幕名, 而箕伯亦所親熟倚恃故也. 穩語後, 出宿店舍, 鷄已鳴矣. 是日行五十里.

✿

　평양의 아름다움에 대해서는 수많은 고사가 있다. 잘 알려지지 않은 것 중에는 이런 이야기도 있다. 임진왜란 때 선조는 평안도 북쪽 의주까지 쫓겨 갔다가 평양성 전투의 승리 이후 서울로 돌아오고 있었다. 그 와중에 선조는 길을 돌려 평양의 대동강을 살펴보겠다는 소망을 신하들에게 밝혔다. 선조는 경황이 없는 상황에서 합당치 못한 일이라는 것을 자기가 모르는 바 아니라는 둥, 평양성을 두루 관찰하려는 데에 깊은 뜻이 있으므로 산에 오르고 물에 임하여 구경하는 데 비교할 것이 아니라는 둥, 단지 말을 타고 한 바퀴 돌아보려 할 뿐이며 지금 보지 못하면 차후에는 볼 수 있는 날이 없을 것이라는 둥 갖가지 핑계를 끌어다 댔다. 평양은 선조가 이렇게 온갖 이유를 대서라도 꼭 둘러보고 싶어할 만큼 풍광이 아름다운 곳이었다. 신하들은 논의 끝에 명나라 이여송 제독이 평양에 있어 두루 관찰하기 어려울 것이라는 핑계로 선조의 유람을 막고 행차를 해주로 돌렸다.

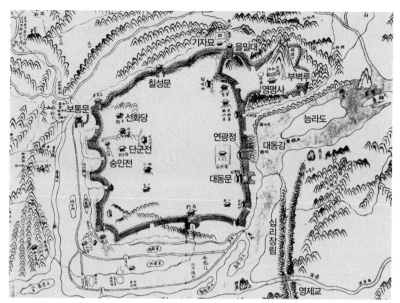

「해동지도」 「평양부」(부분), 서울대학교 규장각한국학연구원 소장.

4월 5일

다시 다른 사람들과 함께 차근차근 여러 경치를 보았다. 식사 후에 작은 배 하나를 세내어 부벽루에 올라갔다. 이어서 영명사로 숙소를 옮겼는데, 여관집이 분주하고 떠들썩하여 남모르게 조사한 하루하루의 기록을 정리할 수가 없었기 때문이다.

길에서 어떤 사람이 큰 소리로 말하였다. "관속들이 꽤나 수선스럽다. 내 생각에는 틀림없이 어사가 성에 들어온 것 같다." 절의 중들은 모두 승군인데 유람객들이 끊임없이 이어지고 활쏘기 모임으로 어수선하여 여기도 고요하고 적막하다고 할 수는 없었으나, 여관집보다는 나았기에 그대로 유숙하였다.

初五日

復與諸人, 歷覽諸勝. 飯後賃一葉舟, 登浮碧樓. 仍移接於永明寺, 盖緣店舍
紛聒, 無以抄出廉問日記故也. 街上一人高聲曰, 官屬頗有洶洶, 意必是御史入
城也云. 寺僧皆是僧軍, 遊客絡繹, 射會紛沓, 亦不可謂靜寂, 而猶勝於店舍,
故因留宿.

❋

암행어사는 평안도를 순행하면서 조사한 내용을 계속 정리하고 있
었음을 알 수 있다. 이렇게 계속 기록을 작성하고 정리하였으므로 길고
자세한 암행어사의 보고서가 작성될 수 있었을 것이다.

4월 6일

아침을 먹는데 어떤 사람이 머리를 어지럽히고 옷을 벗어 맨살을 드
러냈으며 해어진 도롱이를 등에 걸쳤는데 그나마 가렸다 벗었다 하며
앞에 와서 밥을 구걸하였다. 놀라고 이상하게 여겨 물어보니 절의 중
이 대답하기를, "이는 미친 사람입니다. 본래는 능라도 향인(鄕人)[8]의

---

8 평안도에서는 향촌의 유임(儒任) 향임(鄕任)을 맡는 토착 유력자를 뜻함.

아들로 부모와 처자가 있습니다. 어려서는 시와 문장에 능하고 경학을 공부하였는데, 어려움 속에서 학문에 힘쓰다가 괴로움이 지나친 까닭에 문득 마음의 병이 일어 이 지경에 이르렀습니다"라고 하였다. 내가 그 말을 듣고 불러다 앞에 앉혀 함께 식사를 하는데 반은 먹고 반은 흘렸다. 주역을 외게 하니 주역을 외고, 시경을 외우라면 시경을 외었다. 또 시를 짓게 하니 한두 구절을 읊조렸다. 모습은 비록 까맣게 때에 절어 차마 볼 수가 없었지만, 그가 본래 단정하고 아취 있는 선비였음을 가히 짐작할 수 있었다. 마음이 상하고 불쌍해서 차마 볼 수가 없었다. 옷을 벗은 채 성에 들어가면 여인들이 황망히 달아나고, 저잣거리를 지나면서 떡과 고기를 움켜쥐어도 감히 무어라고 할 사람이 없었다. 굶주려도 피곤하지 않고 추워도 얼지 않으며 재빠르기가 원숭이와 같아, 겹겹이 쌓인 바위 언덕을 날아 올라갔다. 저자의 어린 아이들이 다투어 기왓조각과 돌을 던지며 쫓으니 볼 만하면서도 불쌍했다.

계현이 술과 안주를 제법 갖추어 와서 대접을 하는데, 남들이 볼까 두려워 배 하나를 세내고 수행원으로 하여금 노를 젓게 하여 멀리 절벽 아래로 거슬러 올라가 실컷 마시고 먹은 후 돌아왔다. 주지승이 병이 매우 중하여 머물러 있기가 어려운 까닭에 다시 중성(中城)의 별감 유희필(劉希弼) 집으로 숙소를 옮겼다. 주인이 꽤 세상일에 밝고 행동이 민첩하여 내실을 비워 머무르게 해주었다. 사람도 없고 조용하여 좋았다.

밤에 등을 걸고 함께 이야기를 나누자니 주인 유군(劉君)이 평양의 누대와 강산이 빼어나고 협객과 풍류가 번성함을 장황하게 이야기하였다. 또 말하기를, 평양부는 배와 수레가 통하고 화물이 모이는 곳이라서 식리 사업으로 살아가며 부를 쌓기가 매우 쉽지만, 어지럽도록 화려하고 멋대로 놀아나서 엎어져 망하는 것 또한 쉽다고 하였다. 민간 유행어에 부자의 손자가 가장 불쌍하다고 하는데, 그것은 아버지가 이익을 몰아 부를 쌓으면 아들이 방탕하게 놀러 다니며 남김없이 써버리고 손자는 굴러다니는 거지가 되어 의지할 곳이 없기 때문이라는 것이었다. 참으로 배를 끌어안고 엎어질 정도로 우스운 이야기이지만, 방탕하게 놀러 다니는 자들이 경계해야 할 것이라고 하겠다. 머물러 잤다.

初六日

朝食時有一人, 被散蓬髮, 赤脫衣裳, 以一獘襪, 掩於背上, 而亦或掩或脫, 前來乞食. 故驚怪問之, 則寺僧云, 是狂者也, 本以淩羅島鄕人之子, 有父母妻子, 而少時能詩文, 治經工, 旋因攻苦之過勤, 忽發心病, 至於此境云. 故余招使之前, 與之食則半食半投, 使之誦易則誦易, 使之誦詩則誦詩, 又使之作詩則吟一二句. 貌雖垢黑不忍見而猶可想, 其爲本來端雅士子也, 慘憐不忍見矣. 裸而入城則女人皆奔避, 過市肆攫取餠肉, 而亦莫敢誰何. 飢不困寒不凍, 捷如猿猴, 飛上層崖, 市中小兒, 爭擲瓦礫而逐之, 可觀而亦可矜也. 季賢略備酒饌來餉, 而畏人之見, 借一船, 使從人搖櫓, 遠上絶壁下, 醉飽而歸. 主僧病甚重, 難以留宿, 故又移接於中城劉別監希弼家. 主人頗詳明機警, 空內室以處之, 靜寂可喜也. 夜懸燈共話, 劉君盛言樓臺江山之勝, 遊俠風流之盛. 且言平壤府舟車之所通也, 物貨之所聚也, 故興利資生致富甚易, 而紛華逸蕩又易覆墜. 俗言平壤富人之孫可矜云, 蓋其父謀利致富, 則其子遊蕩用盡, 其孫流丐無依矣. 其言誠絶倒, 而亦可謂遊蕩者之戒也. 仍留宿.

웃통을 벗어젖힌 광인의 사정을 짐작할 만한 자료는 없다. 하지만 상상력을 조금 발휘한다면 어사가 만난 광인에게서 평안도 선비들이 겪고 있던 고통을 읽어낼 수도 있다. 평양을 포함한 평안도의 지역민들은 조선후기에 이르러 그 지역의 경제적 성장을 바탕으로 실력을 크게 늘려 문과와 무과에 급격하게 급제자를 늘려갔다. 그러나 평안도 출신 인사들은 함경도 사람들과 함께 문과·무과 급제 이후 관직 진출에 큰 차별을 받았다. 대표적인 것이 문과 급제자들에게 승문원 분관(分館)을 주지 않고, 무과 급제자들에게 선전관(宣傳官) 추천을 주지 않은 것이다. 분관이란 문과 급제자들에게 임시 관직을 주어 승문원, 성균관, 교서관에서 실무를 수습하도록 하는 것인데, 이 중 승문원에 분관되어야 엘리트 코스로 진출할 수 있었다. 또한 무과 급제자들에 대해서는 선전관청의 선전관, 오위(五衛)의 부장, 수문장청의 수문장으로 임용할 후보자로 미리 추천을 해두었다. 병마절도사, 수군절도사로 대표되는 핵심 무관직으로 진출하기 위해서는 임금의 명령을 전달하는 임무를 맡은 선전관으로 추천을 받아야 했다. 하지만 평안도를 비롯한 서북 출신 인사들에게는 이 승문원 분관과 선전관 추천을 19세기에 이르도록 허락하지 않았다. 이러한 제약과 차별은 오랫동안 그 지역민들을 옥죄는 굴레였다. 평양의 이 광인이 꼭 그렇다고 볼 근거는 없지만, 수많은 평안도 출신의 능력 있는 인물들이 정신적으로 극심한 고통을 받는 상황에 빠져있었던 것이다.

평안도의 경제적 발전에 대해서는 앞에서 설명한 바와 같다. 특히 평양에서는 엄청난 재정이 운영되고 있었으므로 그에 따른 경제적 성공과 실패가 변화무쌍하였다. 그런 분위기는 조선후기에 성행한 야담에서도 확인할 수 있다. 평양을 배경으로 한 야담은 관찰사, 기생과 함께 경제활동에 관한 내용이 주를 이룬다. 평양을 배경으로 한 야담에서 묘사되는 경제활동은 그 내용 또한 남쪽 지방을 배경으로 한 이야기들과 크게 다르다.

훈장의 아내가 천금을 빌려 감초 장사를 하여 다섯 배의 이윤을 남긴 후 장사를 접는 이야기와 같이 평양을 제외한 지역에서는 오랜 시간 열심히 일하여 돈을 벌거나 상품을 독점하여 이익을 올리는 유형이 두드러진다. 그러나 평양 이야기에서는 평안 감사와 친분이 있거나 그에게 은혜를 베푼 사람이 하루아침에 막대한 보답을 받는 이야기가 많이 나타난다. 예를 들면 평안 감사 민백상(閔百祥)의 막료인 김대갑(金大甲)은 만여 금을 상급으로 받은 후 그것을 밑천으로 3만 금을 얻었다. 물론 다른 지역 이야기에서도 특수한 사례가 없는 것은 아니지만, 전체적으로 볼 때 평양을 배경으로 한 이야기 속에서 손에 쥐거나 주고받는 금액은 다른 지역과 비교할 수 없을 정도로 훨씬 크다. 박내겸이 평양의 어느 장교로부터 듣는 그 지방의 부자 이야기 뒤에는 위와 같은 경제상황, 그리고 그에 대한 인식이 자리 잡고 있었다.[9]

---

9   오수창, 「『청구야담』에 나타난 조선후기 평양 인식과 그 성격」,《한국사연구》 137, 2007, 91~
    93쪽.

4월 7일

식사 후에 다른 사람들과 각처로 흩어져 갔다. 염탐을 한 후에 다시 대동문 누각에 오르니 감사가 자산 수령과 더불어 연광정에 와서 노는 것이 멀리 보였다. 감사의 맏아들 군실(김영순(金英淳), 군실(君實)은 자)이 그 서삼촌 김면여(金勉汝)와 더불어 배를 타고 물을 거슬러 올라갔다. 노래하는 기생, 술과 안주가 부러워할 만했지만 가까이 할 수 없는 노릇이었다.

감영 소속 군졸이 몽둥이를 들고 와서 구경하는 사람들을 내쫓으면서, 연광정을 내려다보면 안 된다고 하였다. 여러 차례 곤경을 겪으며 누각을 내려왔다. 성가퀴에 기대어 서 있으려니 얼마 후에 김군실이 배에서 내려 성으로 들어가는데 돌아서서 성 위를 쳐다보더니 우리 일행을 멀리서 보고는 기뻐하며 올라왔다. 그러나 사람이 매우 많아 말을 붙이지는 못하고, 서로 가만히 바라보다 슬쩍 웃고 흩어졌다. 저녁 무렵에 돌아와 묵었다.

初七日

飯後, 與諸人分往各處. 廉探後, 更上大同門樓, 望見巡相與慈山倅, 來遊練光亭. 巡相之胤金君實, 與其庶叔勉汝, 乘船溯洄, 歌妓酒饌, 可羨而不可親也. 營隷持杖來, 逐觀光人, 謂不可壓臨練光亭. 屢遭困境下樓, 依女堞而立, 少選, 君實下船入城, 顧瞻城上, 望見吾輩, 欣然上來. 而人海中不可接語, 脉脉相看, 微笑而散. 向夕還宿.

「연광정연회도」 국립중앙박물관 소장. 김홍도의 그림이라고 전해진다.
부벽루에서의 연회와 대동강의 밤뱃놀이까지 3첩으로 구성된 그림이다.

❁

　　암행어사란 나라를 이끌어가는 핵심인물로 성장해가는 인물들이 선
발되는 직책이었으며 박내겸 또한 엘리트 중의 엘리트였다. 그가 지닌

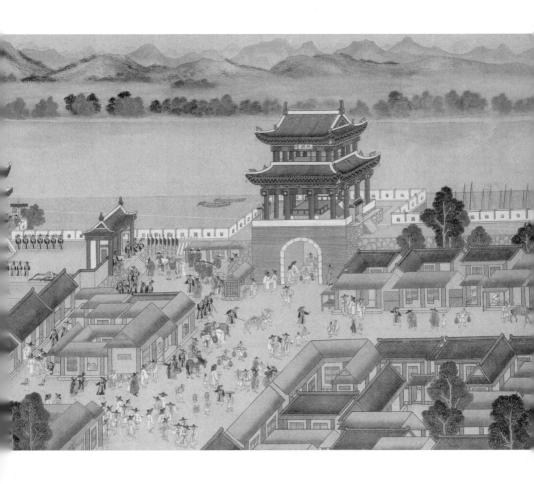

정6품의 품계는 둘째 치고, 암행어사로 파견될 때 맡고 있던 정언 관직
은 국왕을 측근에서 모시는 근시(近侍)라고 지칭되며 임금에게 직언을
하는 자리였다. 그러한 지위에 있는 박내겸이 감사가 벌이는 연회를 군
중들과 뒤섞여 멀리서 바라보며 부러워하다가 지방 군졸의 몽둥이에
쫓겨 허겁지겁 계단을 내려오는 경험은 일상에서는 상상하기 힘든 일

「부벽루연회도」 전 김홍도, 국립중앙박물관 소장.

포졸들이 몽둥이로 연회장에 모여든 사람들을 쫓아내는 장면도 잘 묘사되어 있다. 국왕의 측근인 엘리트 관원으로 하여금 이런 곤경을 겪어보게 한 것이 암행어사 제도의 핵심이 아니었을까?

이다. 앞서 신계현에서 빈민과 뒤섞여 들어가 관청 마당에서 죽사발을 받아들었던 일도 마찬가지다. 암행어사 제도의 목적은 엘리트 관원에게 지방의 민생 현장을 둘러보고 관리의 잘잘못을 평가하게 하는 데 있었다고 한다. 하지만 거기서 더 나아가 국가를 이끌어갈 엘리트 관원으로 하여금 여러 달 동안 굶주리는 백성들과 함께 줄서서 죽사발을 받아들고, 한갓 군졸의 몽둥이에 쫓겨 보는 경험을 하게 한 것이야말로 조선시대 암행어사 제도에 깃든 중요한 의의라고 생각한다. 국가 운영의 중추세력에게 민중의 생활 속으로 걸어 들어가 그들의 경험을 함께 겪어보도록 한 제도는 조선 지배층과 민중의 거리를 측정하는 데 중요한 자료가 될 것이다.

4월 8일

이른 아침에 경박과 치삼이 함께 와서 모였다. 각자 문서들을 정리해 기록하고 여행 도구를 정돈한 다음 앞으로 나아갈 계획을 세웠다. 이날은 등불을 밝히는 사월 초파일이다. 마침 음악을 연주하지 않는 때를 만나 노래 소리, 악기 소리가 들리지 않고 등 시장이 열리지 않은 데다가 비마저 내리려고 해서 참으로 기분이 안 난다는 생각이 들었다. 밤에 관찰사를 들어가 뵙고 작별 인사를 한 후 계명축시에 돌아와 잤다.

初八日
早朝, 景博·稚三皆來會. 遂各抄膽簿記, 整頓行具, 爲前進之計. 是日卽燈夕也, 時値停樂, 故歌管不聞, 燈市不開, 且有雨意, 殊甚無味也. 夜入見巡相作別, 鷄鳴還宿.

＊

화려한 도시인 평양의 사월 초파일은 기대를 걸어볼 만하였으나 보통 때의 잔치는 모두 행하여지지 않았다. 1년 전인 순조 21년 3월 9일에 왕대비, 즉 정조의 비인 청원부원군(淸原府院君) 김시묵(金時默)의 딸 효의 왕후(孝懿王后)가 사망하였기 때문이다. 왕대비 사망 당일 예조에서는『국조상례보편(國朝喪禮補編)』의 계령조(戒令條)를 인용하여 왕비의 상례에 대한 여러 의례를 건의하여 허락을 받았다. 그중 하나가 음악을 멈추는 것이었으며 기간은 3년이었다. 하지만 뒤의 현심목이 가야금을 탄 사례에서 보듯 개인이 집에서 음악을 연주하는 것까지 금지된 것은 아니었다. 원문의 계명(鷄鳴)은 계명축시, 곧 오전 1~3시를 가리키는 축시를 뜻한다.

4월 9일

종일토록 비가 내려서 출발하지 못하고 여관에 그대로 머물러 있었다. 몹시 무료하였다.

初九日

終日雨, 不得離發, 滯留旅舍. 殊甚無聊.

평양 → 자산 → 은산 → 가창(순천) → 맹산 → 영원 → 덕천 → 개천 → 순천

순조 22년 4월 10일~4월 21일

동북쪽 끝인 영원을 돌아
순천까지 암행하다

4월 10일

성부, 덕유, 치삼, 경박을 각처로 나누어 보내고, 계현과 노유종만 데리고 느지막하게 출발하였다. 칠성문으로 나가서 여기저기를 거쳐 기자묘에 올라갔는데, 묘에는 낮은 담을 둘러치고 석물(石物)이 있었으나 참으로 호화롭지 않았다. 무덤의 형태는 사각형인데, 그것이 옛날 제도여서 그런 것일까. 정자각이 너무 가깝고 돌계단 앞도 심히 황량하였으며, 금지하여 보호하는 지역을 넓힐 수가 없었다. 큰 성인 기자가 우리 동쪽 나라에 있었기에 옛날에 임금과 신하의 관계가 이루어졌고, 여덟 조목으로 백성을 가르친 것은 오늘날까지도 의지할 힘이 된다. 무릇 우리 동쪽 나라에서 군신과 부자의 윤리가 있음을 아는 것은 모두 성인인 기자가 남기신 가르침인데, 높이고 보답하는 법식이 마음을 다하지 못

평양성 내성의 북문인 칠성문.

하였으니 슬픈 일이다.

신원(新院)의 여관에서 점심을 먹었다. 자산 수령이 여전히 앞서 행차하여 여기 도착하는 바람에 혹시 자취가 드러날까 두려워 그대로 지나갔다. 냉정굴을 찾아보고 저녁에 자산읍에 묵었다. 본관 수령은 이지연(李志淵)이며 읍 터는 별로 아름답지 못하였다. 이날 90리를 갔다.

初十日

分送誠夫·德惟·稚三·景博於各處, 只與季賢·盧吏晩發. 出七星門, 歷登箕子墓, 墓有曲墻, 石物不甚侈. 墳形爲四隅之制, 豈古制然耶. 丁字閣逼近, 階

고려 숙종대에 조성된 것으로 추정되는 기자묘.

砌前亦甚荒凉, 禁護幅員, 不能廣大. 箕子大聖, 在我東, 爲前代君臣, 八條之
教民, 到于今賴之. 凡我東知有君臣父子之倫者, 皆箕聖之遺化, 而崇報之典,
不能盡意, 可慨也. 中火新院店. 慈山倅亦前行到此, 恐或露踪, 畏怯而過. 歷
覽冷井窟, 夕宿慈山邑底. 本倅李志淵, 邑基甚不佳. 是日行九十里.

　　전통적으로 평안도와 평양은 기자(箕子)의 터전으로 높이 평가되었
다. 기자는 중국 고대 주(周) 무왕(武王)이 상(商)나라를 멸망시키자 그
유민을 이끌고 한반도로 옮겨와 기자조선을 세웠다고 전해지는 인물이
다. 16세기 사림파의 등장 이후 기자는 조선의 문화를 일으킨 존재라고

끊임없이 강조되면서 그에 대한 숭배 경향이 두드러졌다. 윤두수(尹斗壽)가 쓴『기자지(箕子志)』와『평양지(平壤志)』, 율곡 이이(李珥)의『기자실기(箕子實紀)』등이 이런 입장에서 쓰인 책이다. 평안도는 그 기자가 가르침을 펴서 우리나라의 문화를 형성하게 한 고장이라는 점이 강조되었다. 예를 들어 정조는 평안도가 '성인 기자의 옛 도읍[箕聖故都]'이라는 점을 들어 '왕조가 일어난 옛 터전[龍興舊基]'이라는 함경도와 함께 풍속과 인물의 뛰어남이 다른 도에 비하여 부족함이 없다고 강조하였다. 평양에는 기자의 사당으로 숭인전(崇仁殿)이, 단군의 사당으로 숭령전(崇靈殿)이 있었는데 단군 사당이 기자 사당에 비해 부차적인 지위에 있었다.

일찍부터 이들 사당을 책임진 관인들을 중앙 관직으로 진출시키자는 논의가 있었는데, 박내겸 또한 암행어사 보고서에서 그 지역의 명망 있는 인사를 전관(殿官)에 임명하고 기한이 차면 중앙 관직으로 진출시켜 장차는 6품직으로 승진하고 지방 수령으로 나갈 길을 열어주자고 건의하였다. 이 정책은 2년 후 당대의 권력가 김조순의 건의를 거쳐 중앙정부에 의해 채택되었다. 하지만 평안도 인사들을 정치적으로 차별하던 현실에 비추어 보면 이 정도의 정책은 생색내기에 불과한 것이었다. 기자묘의 보존 상태에서도 그런 분위기가 읽힌다. 평안도를 두고 조정 인사들은 언필칭 '기자의 고장'을 입에 올렸지만 그것은 상투적 수사에 그칠 뿐이었다.

자산 부사 이지연(李志淵)은 성천 부사 이기연(李紀淵)의 형이며 이 책 4월 21일 일기에 등장하는 이지연(李止淵)과는 다른 인물이다. 이지연(李志淵)은 관직에 오르기 전부터 유생상소와 같은 각종 정치활동에 활발하게 참여했으며, 문과를 통과한 후에는 이조참판 등 중요한 관직을 두루 역임하였지만, 각종 인명사전에 들어있지 않으며 많은 책자와 인터넷 자료에서 이지연(李止淵)과 크게 혼동하고 있다. 그가 이지연(李止淵)과 이름의 우리말 음을 비롯하여 본관과 활동 연대가 같을 뿐 아니라, 문과까지 이지연·이기연 형제와 같은 시험에서 급제했기 때문에 빚어진 혼란으로 보인다. 그 밖에도 무관 이지연(李志淵)이 같은 시기에 활동하고 있었음이 『승정원일기』에서 확인되며, 일찍이 인조대에도 같은 이름의 인물이 있었다. 이지연(李志淵)의 본관은 전주이며, 영조 42년(1766)생으로 먼 친척인 이지연(李止淵)보다 11살 연상이다. 이지연(李志淵)의 자는 심일(心一)이고 아버지의 이름은 의윤(義胤)인데 의윤의 동생 의술(義述)이 생부였다. 30세 되던 정조 19년(1795)에 진사가 되었으며, 순조 5년(1805) 춘당대별시에서 을과로 급제하였다. 삼사를 비롯하여 중요한 관서의 여러 직책을 역임하였으며 자산 부사에 임명된 것은 순조 20년 6월이었다. 그 후 이조참판, 호조참판, 도승지를 거쳐 헌종 2년(1836)에 형조판서, 헌종 12년에 판의금 부사가 되었다.

4월 11일

늦게 출발하였다. 처음에는 먼저 순천으로 가려 했으나 대천(大川)에 다리가 끊기고 배가 없어 건널 수 없다는 소식을 듣고 결국 은산 가는 길로 접어들었다. 강을 건너 읍에 들어갔는데 머무를 만한 곳이 없어 그대로 관아 정문 앞의 여관으로 들어갔다. 관속의 무리들이 기미를

평안도 은산 담담정, 『관서명승도첩』, 서울역사박물관 소장.

알아채고 와서 엿보는 자들이 있었다. 본관 수령은 박영원(朴永元)이다. 읍 터는 사면이 토성으로 둘러싸였는데 하늘이 만든 절벽이었다. 곳곳에 바위가 있는데, 바위 모서리가 모두 일어나 서 있어서 어찌 보면 병풍을 둘러친 것 같고 어찌 보면 책상 같고 붓꽂이 같고 도검 같았다. 어느 것은 구멍이 뚫리고 어느 것은 움푹 파여졌으니 또한 기이한 볼거리였다.

저녁에 담담정에 올라갔는데 정자는 절벽 위에 있고 절벽 아래는 큰 강이 감아 돌았다. 강 건너에는 큰 들이 있고 들판을 지나 먼 산들이 손을 모으고 늘어서 있었다. 높은 곳에서 아래를 내려다보고 사방을 바라보니 맑고 아름다우며 탁 트여 환한 것이 관서에서 가장 빼어난 경치인

듯싶었다. 인물이 모두 빼어나게 아름다워서 비록 베 짜는 여인이나 부
엌의 아낙이라 하더라도 모두 아리따운 태가 있었다. 여관 주인이 말하
기를 이 읍은 산수가 맑고 밝은 까닭에 문장 하는 사람이 대대로 끊이
지 않고 과거 급제자가 해마다 쏟아져 나온다고 하였는데, 그 말이 정
말 그럴듯하였다. 읍의 일거리 또한 매우 한가롭고 헐하여 깊은 폐단이
없었다. 참으로 수령이 된 자가 직책은 제쳐 두고 노래나 읊조릴 땅이
었다. 전에 내가 외직을 구하여 부안 수령 자리를 얻을 때였다. 그때 이
고을에도 자리가 났지만 인사업무를 맡은 이조에서 은산은 박하고 부
안이 넉넉하다 하여 이곳을 두고 그쪽으로 나가게 하였는데, 지금에 와
서 생각해보니 후회가 되지만 어쩔 수가 없다. 밤에 달빛을 받으며 향
리와 장교들 집 서너 곳을 찾아보고 유숙하였다. 이날 30리를 갔다.

십일일

晚發. 始欲先往順川, 聞大川橋斷·無船不可渡, 遂取殷山路. 渡江入邑, 無
可住接, 直入官門外店舍. 官屬輩, 或有知機來覘者矣. 本倅朴永元. 邑基四面,
環以土城, 天作陡絶, 處處有石, 而石角箇箇起立, 或如曲屏, 或如几案, 如筆
架, 如刀劍, 或穴穿, 或凹陷, 亦一奇觀也. 夕上澹澹亭, 亭在絶壁上, 壁下環以
大川, 川外有大野, 野外遠山羅拱, 登臨四望, 明麗開朗, 迨爲關西之最. 人物皆
秀美, 雖紅女竈婦, 皆有妖麗之態. 店主云, 此邑山水明朗, 故文章代不乏人, 科
甲連歲輩出云, 其言誠有理. 邑務亦極閑歇, 無痼瘼, 爲太守者, 眞拄笏嘯咏之
地也. 昔余求外得扶安也, 此邑亦同時有窠, 而銓曹以殷薄而扶饒, 使之捨此而
就彼, 到今思之, 悔恨無及. 夜乘月, 訪數三吏校家, 留宿. 是日行三十里.

남남북녀라는 말이 통용될 정도로 북쪽 지방의 여성들이 아름답다고 한다. '강계미인'이라는 말이 있듯이 미인을 많이 배출하는 지역으로 첫 손가락에 꼽히는 강계 또한 평안도의 고을이다. 박내겸은 은산에서 평범한 여인들까지 아름답다고 감탄하였는데 이 또한 우연은 아닐 듯하다. 조선후기 평안도는 전통적인 성리학적 사회질서와 지배체제가 중부나 남쪽 지방에 비해 강하지 않았다. 평양을 배경으로 한 야담을 분석해보면 그곳이 경제적으로 성공할 수 있는 기회의 땅이라는 이야기들과 함께 인간 본성을 자유롭게 표출하는 고장으로서의 성격이 두드러진다.[1] 전통적인 성리학적 지배질서, 즉 여성에 대한 억압이 상대적으로 덜하고 인간 본성을 좀 더 자유롭게 표현할 수 있는 곳이었다면 자연스럽게 여성의 아름다움도 더욱 두드러지지 않았을까 한다.

4월 12일

늦게 출발하였다. 다시 계현과도 길을 달리하여 노유종만 데리고 갔다. 신창에서 점심을 먹었는데 이곳은 순천 땅이다. 미륵령을 넘었는

---

1 『승정원일기』에 의하면 박내겸이 부안현감에 임명된 것은 3년 전 5월이었다. 전라도 부안땅은 자연이 아름답고 물산이 풍부하기로 정평이 난 곳이었으니 이조 관원의 배려는 그것대로 타당하였다. 같은 날 은산현감에 임명된 인물은 조운종(趙雲從)이었는데, 박내겸은 그보다 나이도 많고 정치적 위상이 훨씬 높았다.

데 고개가 매우 가팔랐다. 저녁에는 가창에서 묵었다. 달밤에 서너 명의 마을 노인들과 어울려 읍의 정사와 민간의 고통거리를 함께 이야기하였다. 마을의 이장이 말하기를 "근래에 듣자니 암행어사가 내려왔다는데 반드시 여기를 지날 것이기 때문에 읍내를 비밀히 단속하기를, 행적이 수상한 자가 지나가거든 즉시 와서 고하라고 했는데, 아직 지나간 일이 없으니 괴상한 일이다"라고 하였다. 이날 80리를 갔다.

十二日

晚發. 又與季賢分路, 獨與盧吏行. 中火新倉, 卽順川地也. 踰彌勒嶺, 嶺甚峻. 夕宿棍倉. 月夜從數三里老, 共談邑政民瘼. 里中尊位爲言, 近聞繡衣下來, 必當過此, 故邑中暗餙, 如有蹤跡殊常者過去, 則須卽來告云, 而姑無過去之事, 可怪也云云. 是日行八十里.

❀

순천읍은 은산의 서쪽에 있으며, 지금 암행어사는 은산을 떠나 그 동북쪽에 있는 맹산으로 가는 중이다. 그런데도 암행어사가 특별히 밝혔듯이 다시 순천 땅으로 들어온 것은 어떻게 된 연유일까? 평안도 순천군은 두 구역으로 나누어져 있었다. 읍의 관아가 있는 중심지가 있고은산 땅을 건너 뛰어 그 동북쪽에, 동헌이 있는 곳보다 더 넓은 순천 땅이 자리 잡고 있었던 것이다. 근대적인 행정개념으로는 이해하기 힘든일이지만, 조선시대에는 이와 같이 한 고을의 땅이 다른 고을에 의해

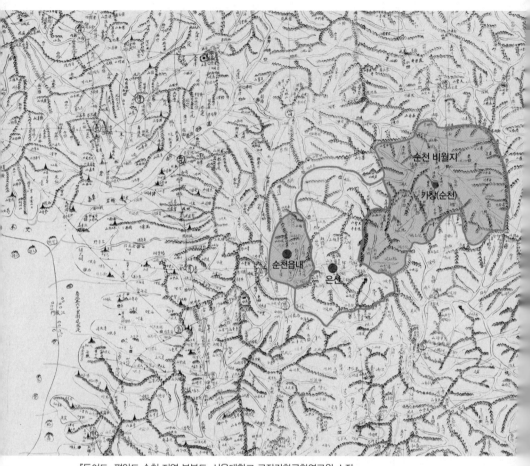

순천 비월지

카장(순천)

순천읍내

은산

『동여도』 평안도 순천 지역 부분도, 서울대학교 규장각한국학연구원 소장.
순천의 동헌이 있는 읍내 서쪽으로 은산 땅을 건너뛰어 순천의 비월지가 있다.

분리된 경우가 간혹 있었다. 이렇게 동헌이 있는 곳으로부터 떨어져 자리 잡은 땅을 비월지(飛越地)라고 하는데 순천의 경우는 그중에서도 떨어져 있는 땅이 매우 넓었다.

앞서 황해도 가리탄의 주막 주인이 그랬듯이 순천 가창의 이장 또한 나그네를 앞에 두고 암행어사 행차를 이야기하였다. 박내겸을 바라보는 이장의 눈길이 의심에 차 매서웠을 듯싶다.

4월 13일

저녁에 비가 왔다. 일찍 출발하여 용연을 지나는데 골짜기가 깊어질수록 주위가 더욱 기이해졌다. 절벽이 있고 맑은 연못이 있고, 곳곳이 그지없이 기이하고 굽이굽이 모두 살 만한 땅이었다. 북창을 지났는데 그곳 또한 큰 도회여서, 마을이 빗살처럼 늘어서 있고 사람과 화물이 매우 풍부하였다. 동헌에서 점심을 먹고 저녁에 맹산현에서 묵었다. 맹산현은 많은 산의 가운데에 있다. 그중 옥녀봉이 우뚝 솟아 홀로 빼어났는데, 칼과 창을 세운 듯하기도 하고, 옥비녀를 꽂은 듯하기도 하여 높고 아득한 모양이 기이하기 그지없었다. 이것이 읍의 진산이다. 산골짜기의 풍속이 어리석고 사나워서, 다가가 이야기를 붙이기가 참 어려웠다. 본관 수령은 유창근(柳昌根)인데 서울에 올라가고 관아에 없다고 한다. 이날 70리를 갔다.

十三日

夕雨. 早發過龍淵, 峽愈深, 境愈奇. 有絶壁焉, 有澄潭焉, 處處絶奇, 曲曲可
居. 歷北倉, 亦一大都會也, 閭井櫛比, 民物殷富矣. 中火銅峴, 夕宿孟山縣. 縣
在萬山之中, 而玉女峯, 亭亭獨秀, 如竪劍戟, 如抽玉簪, 縹緲奇絶, 是爲邑之
鎭山. 峽谷頑悍, 殆難接談. 本倅柳昌根, 上京不在官云. 是日行七十里.

❀

순천의 북창에 도회지가 이루어지고 상업이 발달한 데는 지리적 조
건이 있었다. 그곳은 동쪽의 맹산과 서쪽의 은산을 잇는 길, 그리고 북
쪽의 덕천과 남쪽의 성천을 잇는 길이 교차하는 지점이었다. 1872년 순
천지도에는 읍내와 더불어 동창과 북창에 장시가 열리는 것으로 표기
되었다.

4월 14일

종일 비가 내리다가 저녁에 조금 갰다. 붓 수십 자루를 보자기에 싸
서 어깨에 걸고 향청으로 들어갔다. 나는 해주에 사는 사람으로 묏자리
송사를 벌이다 자산에 귀양 갔는데 다행히 용서는 받았지만 돌아갈 길
의 양식을 마련하기가 어렵기 때문에 앞으로 함경도로 들어가 잘 아는
수령에게 구걸할 계획이며 마침 붓과 먹을 얻었으므로 그것을 팔아서
여행 밑천으로 삼으려고 한다고 하였다. 자리에 모인 사람들이 모두 한

편으로 믿어주면서 다른 한편으로는 의심도 하였다. 기생들 여럿이 옆에 앉아 있다가 쌍륙을 놀기에 내가 말을 놓아 주었다. 기생 하나가 살짝 웃으며 말하였다. "손님 손놀림이 꽤나 익숙하고 말씀이 부드럽고 아름다우니 결코 곤궁하여 구걸하러 다니는 분이 아닙니다." 내가 말했다. "어찌 그렇겠는가. 일찍이 듣자니 기녀들은 사람들을 매우 많이 겪어서 사람을 잘 알아보는 눈을 가졌다더니, 그대를 보건대 산골짜기 사람임을 면하지 못하네." 기생이 말하였다. "산골짜기 사람들이라고 어

『혜원전신첩』 중 「쌍륙삼매」, 신윤복, 간송미술관 소장.
쌍륙은 주사위를 던져 나온 숫자를 따라 말을 전진시키는 놀이이다.

찌 모두 알아보는 눈이 없겠습니까. 오늘 밤에 우리 집에 왕림해 주신다면 제가 술과 안주를 마련해 놓고 놀이꾼들을 많이 모을 것이니 함께 내기 쌍륙이나 치면 좋겠습니다." 내가 말하였다. "구걸하러 다니는 사람이 주머니에 일전도 없는데 무엇으로 내기 놀이를 하겠는가." 기생 또한 살짝 웃었다. 내가 일어서 나오자 기생도 뒤따라오면서 저쪽에 자기 집이 있다고 가리켰다. 나는 밤새 놀자고 머리만 끄덕였는데 결국은 감히 가지 못했다. 밤에 여관에서 묵었다.

十四日

終日雨, 夕少晴. 以筆數十枝, 裹裌掛肩, 入鄕廳. 自稱居海州, 而因山訟, 赴謫慈山, 幸而蒙宥, 回粮難辦, 故將入北關, 求乞於親知邑宰計, 而適得筆墨, 賣爲行資云. 坐客皆將信將疑. 群妓傍坐, 擲雙陸, 余爲之點籌. 一妓微笑曰, 客之着手頗熟, 言語軟媚, 必非窮困求乞者也. 余曰, 豈其然也, 曾聞妓女閱人甚多, 有藻鑑, 而以子觀之, 難免峽中人物也. 妓曰, 峽中人, 豈皆肉眼乎. 但今夜, 若枉臨於吾家, 則吾當辦備酒肴, 多集蕩子, 共賭雙陸, 可也. 余曰, 行乞之人, 囊乏一錢, 何以賭技耶, 妓亦微笑. 余因起出, 妓亦躡後, 指其家在阿那邊. 余只點頭卜夜, 而竟不敢往. 夜留宿店舍.

❀

향청은 원래 유향소(留鄕所)라고 불리던 기구로서 군이나 현 단위로 설치되었다. 원래는 그 지방의 유력자로 구성된 향촌 자치기구의 성격을 지니고 있었으나 조선후기에는 수령을 보좌하여 행정 실무의 일부를 집행하는 기구가 되었다. 또 상대적으로 신분이 낮은 인물들이 참여하여 그 위상이 크게 약화되었다. 하지만 중부 이남의 사족에 비견되는 전통적인 지배계층이 강하지 않은 평안도에서는 여전히 지방의 유력자들이 향청을 운영하고 있었다. 영락한 양반이 묏자리 문제로 소송을 벌이다가 유배를 당하고 문방구를 팔아 여비를 마련해 집으로 돌아가려고 하는 모습은 박내겸이 꾸며낸 거짓말이지만, 그 시기에 흔히 찾아볼 수 있는 상황이었을 것이다.

어떻게 구했는지 알 수 없으나 소품까지 활용한 변장, 거짓말로 둘러대기, 기생들 놀이에 끼어들기, 기생집에 가고 싶어 고민하는 장면 등이 일기 전편을 통틀어 가장 해학성이 두드러지는 내용이다.

4월 15일

일행에 말은 한 필이 있을 뿐인데 발에 병이 나서 탈 수가 없었다. 길가는 중에 간혹 말을 세내어 가기도 했으나 이 산골짜기 읍에 왔으니 말을 세내는 것 또한 어려웠다. 할 수 없이 노유종과 지팡이를 짚으며 나란히 걸어서 내 몇 개를 건너고 고개 몇 개를 넘었으니, 발이 부르트고 숨을 헐떡이는 괴로운 모습은 알 만한 것이었다. 점심을 휴암에서 먹었다. 영원읍에 닿으려면 5리 남았는데 말이 쓰러지더니 일어나지 못하였다. 할 수 없이 포탄의 좌수 한학모(韓學髦) 집에 묵었다. 밤중에 듣자니 이웃 사람이 묘향산으로 간다기에 이유를 물으니, 암행어사 행차가 바야흐로 묘향산으로 간다는 말을 들었는데 재판에 억울한 일이 있어 급히 간다는 대답이었다. 주인은 자못 경험이 많고 세상일에 익숙하였다. 10여 년 전에 어사 홍병철(洪秉喆)이 왔을 때 그 집에 사흘 머물렀다고 한다. 이날 65리를 갔다.

十五日

行中只有一轎, 而病足不能騎. 沿路或貰馬以行矣, 到此峽邑, 貰馬亦難. 遂與盧吏, 携筇聯步, 渡幾水, 踰幾嶺, 足繭氣喘, 困狀可知. 中火鵂巖. 未及寧遠邑五里, 馬仆不能起, 遂留宿於浦灘韓座首學蕃家. 夜聞隣人作香山行, 問其由則答云, 聞繡行方行香山, 有所訟寃事, 急往云. 主翁頗老練解事. 十餘年前, 洪御史秉喆來時, 渠爲主人三日云. 是日行六十五里.

❀

암행어사가 이 지방을 돌고 있음은 이제 지역민 모두가 아는 사실이 되었다. 암행어사의 정확한 행로를 모를 뿐이다. 하지만 향청의 우두머리인 좌수를 맡고 있으며 세상일에 밝은 포탄의 한학모가 박내겸과 마주 앉아 지난번에 왔던 암행어사 이야기를 나누는 장면에는 단순한 소문을 넘어 그가 자기 집에 들어온 이의 암행어사 신분을 알아보았다는 사실이 담겨 있다.

4월 16일

비가 와서 떠날 수가 없었는데, 저녁 무렵에 조금 개었으므로 진흙을 헤치고 영원군 읍내로 들어갔다. 본관 수령은 이병규(李秉逵)이다. 군이 외부와 끊어진 골짜기에 있는데 아마 맹산보다도 심하지 싶다. 읍 터가 좁고 큰 강에 임하였다. 민가 백여 호가 모두 기와를 돌로 대신하여 기와집과 초가집이 하나도 없었다. 대개 평안도에 돌집이 많은데 이 읍은 특히 심하였다. 영파정(影波亭)이 읍을 내리누르듯 안산 아래에 서 있는데 큰 강이 그것을 감고 돌아 맑고 시원한 것이 참 좋았다. 이날 5리를 갔다.

十六日

雨不能發, 向夕小霽, 故衝泥入寧遠郡. 本倅李秉逵. 郡在絶峽中, 殆甚於孟山. 邑基逼仄, 前臨大川. 民家百餘戶, 皆以石代瓦, 無一瓦屋與草堂. 大抵關西多石屋, 而此邑則尤甚矣. 影波亭在案山之下, 壓臨邑居, 繞以大川, 淸爽可喜也. 是日行五里

박내겸은 평안남도 동북쪽 끝에 있는 영원군에 도달하였다. 평안도에 들어와 양덕에 도착한 날이 윤3월 26일이었으니 19일 만에 임무를 맡은 지역의 가장 깊은 곳까지 더듬어 온 것이다. 평안남도의 동북쪽 끝인 영원이 낭림산맥에 닿은 험준한 곳이었음은 본문에 표시된 것 이

상이었다. 『해동지도』에는 영원 경계 곳곳에 "도로가 통하지 않는다"고 기재하였으며, 1872년에 그려진 서울대학교 규장각한국학연구원 소장의 「영원군」지도에는 영원 땅이 백두산 산줄기에 들어간다는 표기를 해두었다.

4월 17일

영파정에 올랐다. 점쟁이를 만나 점을 치니 송괘(訟卦)에서 곤괘(困卦)로 변하는 괘를 얻었는데 풀어 말하기를 점괘가 크게 길하여 여행길이 편안하고 조용하며 가을이 지나면 집에 돌아가겠으며, 역마가 남몰래 움직이는 형세가 있으며 또 내년의 재물 운수와 벼슬 운수가 크게 길하다고 하였다. 그대로 유숙하였다.

十七日

登影波亭. 遇卜者筮, 得訟之困, 解云, 占辭大吉, 行李安穩, 秋節後, 當還家, 而有驛馬暗動之勢, 且明年之財數宦數, 大吉云. 又留宿.

점을 쳐서 변괘(變卦)를 얻은 것이 윤3월 29일 사정과 같다. 송괘(訟卦, ䷅)의 첫 효가 양에서 음으로 변하여 곤괘(困卦, ䷮)가 되었다. 곤괘는 내적으로 부족하거나 지나쳐 중용에 곧게 서지 못하며, 그러한 마음

때문에 곤란을 겪게 되는 사정을 뜻한다고 한다. 그러나 본문에서 점쟁이가 풀이한 내용은 사전적인 풀이와 상당한 거리가 있다.

4월 18일

말 두 필을 세내어 노유종과 함께 타고 새벽에 출발하여 행차가 고성(古城)에 이르렀다. 성은 자연적으로 이루어진 토성으로 둘레는 5리 남짓인데 밖으로는 깎아지른 듯이 솟아 있고 안은 여유있고 평탄하였다. 뽕나무와 삼이 무성하고 촌락이 늘어서 있는데 듣자니 한씨(韓氏)가 대대로 사는 곳이라고 한다. 위에 올라가 사방을 돌아보니 산들이 둘러서 호위하고 있는데 높이는 낮았다. 강물이 앞을 돌아 흘러, 활을 당긴 모양과 비슷했다. 평야가 넓게 트여있고 논 또한 많아서 참으로 낙토였다. 주민들이 모두 이곳으로 읍을 옮기고자 하는데, 백성들의 힘이 쇠잔하여 관과 민이 모두 뜻은 있으되 이룰 수가 없다고 한다. 처음에 읍을 설치할 때 왜 이 낙토를 버리고 그 좁은 곳을 택하였는지 알 수가 없다.

강을 건너 신창(新倉)에서 점심을 먹고 직유령(直踰嶺)을 넘어 바로 덕천의 삼탄에 닿았는데 이곳은 정씨(丁氏)들의 마을이다. 양벽당이 강물을 내리누르듯 자리 잡았는데, 시원하고 깨끗해서 사랑스러웠다. 현판에는 앞 시기의 현인들이 이곳에 부쳐 읊은 시들이 많았다. 모두 정씨들이 수십 대를 이어 살아온 땅인데, 수십 호가 담장을 잇고 집을 붙여 살면서 아이들에게 글과 학문을 가르치고 노비들에게 농업을 맡겼다. 제

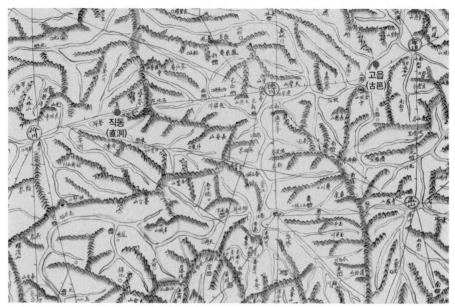

『동여도』 중 고읍 부분. 서울대학교 규장각한국학연구원 소장.
영원 읍내에서 덕천 방향으로 15리 되는 곳에 고읍이 있다. 덕천을 지나 개천에 못 미쳐 박내겸이 현심
목을 찾아보게 되는 직동이 있다.

법 깊은 곳에서 조용하게 살아가는 멋이 있었다. 내가 머문 집의 주인 정
계팔도 단정한 선비로서 지방 과시에 여러 차례 급제한 사람이었다. 생선
을 요리하고 기장밥을 지어 내놓았다. 황혼이 질 때 덕천 읍내로 들어갔
다. 본관 수령은 조제인(趙濟仁)이다. 읍이 터는 비록 크지만 볼 만한 것
이 없었는데, 앞에 맑은 강을 마주한 것은 꽤 좋았다. 이날 70리를 갔다.

十八日

貫二鬴, 與盧吏共騎, 凌晨離發, 行到古城. 城卽天作土城, 而周可五里許,外若陡起, 中實寬平. 桑麻翳如, 村落羅置, 聞有韓氏世居云. 登臨四望, 群山擁護, 不高而低. 江水前環, 有似彎弓. 平野曠濶, 水田亦多, 眞樂土也. 邑人皆欲移邑於此, 而民力凋殘, 官民皆有意, 莫遂云. 未知設邑之初, 何爲捨此樂土, 而就彼狹隘也. 渡江, 中火新倉, 踰直踰嶺, 直抵德川之三灘, 卽丁氏村. 而漾碧堂, 壓臨江水, 蕭灑可愛, 板上多前賢題詠. 盖是丁氏數十世居生之地, 而數十戶, 連墻接屋, 敎兒文學, 課奴農業, 頗有幽居之趣矣. 主人丁繼八亦佳士, 而屢占解額者也, 烹鮮炊黍餉之. 黃昏時入邑. 本倅趙濟仁. 邑基雖大, 而無可觀, 前臨淸江, 是可喜也. 留宿. 是日行七十里.

❊

이날 어사가 처음 도착한 곳은 영원에서 덕천으로 넘어가는 고성진을 못 미친 곳에 있는 고읍을 가리킨다. 동여도에는 그곳에 고읍이라 표기된 성이 있으며, 18세기의 『해동지도』에는 요원강(遼源江), 고성강나루[古城江津]로 표기되어 있다. 김정호의 『대동지지(大東地志)』에 의하면 영원에는 읍내의 북쪽에 고읍성(古邑城)이 하나 더 있었다.

4월 19일

비가 조금 왔다. 늦게 출발하여 휴령정(休寧亭)을 찾아가 보았는데 이 것은 읍의 노인들이 모여 회의하는 곳이었다. 강물이 난간을 감아 흐르고 버드나무 색에 그늘이 엇갈리니 이 또한 뜻을 둘 만하였다. 평지원에서 점심을 먹고 알일령(戞日嶺)을 넘었다. 고개에 올라와 보니 가히 해를 찌를 만하여서, 해를 찌른다는 뜻의 알일(戞日)이라는 이름을 얻었으니 그 높이를 알 만하였다.

직동(直洞)에 다다랐다. 이곳은 개천 땅이다. 관서에 들어온 이래로 참봉 현심목(玄心穆)의 학문과 품행에 내실이 있음을 질리게 들었다. 그집이 마침 길가에 있었으므로 말을 버려두고 들어가 만났다. 유람하다가 이곳에 이르렀노라고 말하였는데 주인의 영접에 꽤 정성이 있었다. 함께 앉아 차근차근 가르쳐 주는데 나도 모르게 옷깃을 여미고 일어나 경의를 표했다. 산천이 매우 그윽하고 예쁘며 사는 집이 더없이 맑고 시원한데, 주인 나이는 바야흐로 84세로서 동안과 백발에 한 점 속세 사람의 티가 없었다. 의관을 바로하고 단정히 앉아 중용을 읽으며, 날마다 해야 할 공부를 정해 놓고 열심히 밟아나가는 것이 어린 아이가 공부하는 것 같았다. 아침저녁으로 집안의 사당에 참배할 때는 자손들이 늘어서서 모시는데 엄숙하고 경건하기가 마치 조정과 같았다. 그는 귀와 눈이 밝고 맑으며 정신이 어그러지지 않아서, 더불어 담론하자니 말이 폭포수처럼 유창하였다. 책상에는 경전과 역사서 제자백가서들이 열을 지어 있었고, 스스로 만든 천문 관측기 혼천의(渾天儀)는 규격에 어긋남이 없었다. 뜰 앞의 화초와 목석 또한 매우 가지런하고 고왔다. 한밤중에 가야금 몇 가락을 타니 그것 또한 문장가나 시인다웠다. 저술 몇 권을 청하여 보니 시문은 매우 빼어나고 예설(禮說)은 자세하고 막힘이 없었다. 변경 평안도의 풍속이 어두운 지방에 이렇게 으뜸가는 유학자가 있을 줄은 짐작하지 못하였다. 마음이 취하여 떠날 수가 없어서,

결국 그 맏아들 삼원(森元)과 함께 별당에 머물러 묵었다. 삼원 역시 그 집 아들로서 손색이 없었다. 이날 60리를 갔다.

十九日

小雨. 晚發, 歷觀休寧亭, 卽邑中老人聚會之所. 而江流繞檻, 柳色交蔭, 亦頗可意也. 中火平地院, 踰虁日嶺. 登嶺則可以虁日, 嶺以得名, 其高可知也. 抵直洞, 卽价川地也. 自入關西, 飽聞玄參奉心穆, 文學行誼之實矣. 其家適在路傍, 故遂舍馬從入見. 自言遊覽到此, 則主人迎接頗款, 坐語娓娓, 不覺斂袵起敬. 山川甚爲窈窕, 居室極其蕭灑, 主人年方八十四歲, 童顔白髮, 無一點烟火氣. 正衣冠端坐, 讀中庸, 課日篤程, 如蒙學然. 晨昏展拜家廟, 子孫羅侍, 肅敬若朝廷然. 耳目聰明, 精神不爽, 與之談論, 口若懸河. 案列經史百家之書, 自造璿璣玉衡, 度數不差. 庭前花卉木石, 亦極齊楚. 中夜弄琴數調, 亦似文人騷客然. 請覽著述數卷, 詩文雋爽, 禮說曲暢. 不意關塞貿貿之地, 有此大儒巨擘也. 心醉不能捨, 遂與其胤森元, 留宿於別堂. 森元亦稱其家兒也. 是日行六十里.

❋

어사 박내겸은 개천에서 만난 현심목을 극찬하였다. 그는 거기에 그치지 않고 임무를 마친 후 현심목을 평안도의 인재로서 조정에 추천하였다. 이 장면에서 지방의 숨은 선비와 국왕의 비밀 명령을 받은 암행어사 사이의 극적인 조우를 떠올리게 마련이지만 현실은 그렇게 극적이지 않았다. 어사가 현심목을 만난 것은 우연히 아니었다. 박내겸이 평안도에 들어간 이후로 현심목의 학문과 품행에 대한 명망을 질리도록 전해 들었을 만큼 현심목은 당시 그 지역 학자를 대표하는 존재였다. 하지만 박내겸의 현심목에 대한 평가는 판에 박힌 구절들이 이어질 뿐 진정성을 확인하기가 어렵다. 조선에서 예설이 사상과 학문을 이끌던 때는 17세기였다. 19세기는 이미 서울 지역의 북학(北學)이나 기호 지역의 경세치용학이 시대 분위기를 압도한 뒤였다. 현심목의 저술에서 시문 외에 예설이 핵심을 이루는 것이었다면 그의 학문은 역시 시대를 끌고 나가는 것이 되지 못한 것이었다고 평가할 수 있다. 어사가 소개한 현심목의 면모에서는 변화하는 현실에 조응하는 새로운 학문 경향이나 그것을 현실에 적용하는 문제에 대한 고민을 찾아보기 어렵다. 박내겸이 어사 임무를 마친 후 현심목을 평안남도의 대표적인 학자로서 중앙 관직에 천거한 사실 역시 별다른 문제의식이 없는 상투적인 행위였다. 현심목은 박내겸 이전에 평양의 단군 사당인 숭령전(崇靈殿)의 참봉을 지냈지만 그 이상 진출하지 못했으며, 박내겸이 만나보았을 때는 이미 여든이 넘은 노인이었다. 박내겸은 암행어사가 반드시 수행해야 할 임무 중 하나인 지방의 숨은 인재를 조정에 추천하는 의무를 채웠을 따름이다.

4월 20일

일찍 일어나 작별하니 주인이 배웅하였다. 동구 밖에 큰 바위가 병풍처럼 줄지어 서 있고 계곡의 냇물이 그 가운데로 흘러가는데 맑고 빠르며 검푸른 빛을 띠어 그 깊이를 잴 수 없었다. 가히 정자를 세울 만했다.

정오가 안 되어 개천군에 들어갔다. 본관 수령은 홍기석(洪箕錫)이다. 읍 터가 제법 시원하고 맑았으나 재작년 홍수를 겪은 지 얼마 안 되었다. 읍내에 떠내려가고 잠긴 것이 수백 호였는데 새로 짓는 것은 아직 자리 잡고 살 만큼 되지 않아, 사람들의 집과 시내의 흐름이 모두 자리를 바꿨다고 한다. 여관 주인이 말하는데 일전에 행적이 수상한 사람이 와서 며칠 묵었다 갔다고 한다. 필시 계현이 지나간 곳일 것이다.

저녁 무렵에 유생들이 향교에 머물러 공부한다는 말을 듣고 천천히 걸어 들어가니 경전을 공부하는 유생과 시와 부를 익히는 유생이 각기 다섯 명씩 묵고 있었다. 나는 과거에 떨어져 산수를 구경하면서 두루 돌아다니다 이곳에 도달했다고 말했다. 유생들이 회시에서 지은 글을 들어보고자 하기에 마침 기억나는 구야(龜野) 당숙의 시 몇 구절을 읊어 전하니 모두들 서로 돌아보며 좋다고 하였다. 그리고 그들도 각자 지은 것을 내보이는데 볼 만한 것이 꽤 있었다. 나도 입이 닳도록 칭찬해 마지않았다.

한 사람이 말하였다. "전해 듣기로는 이번 회시가 매우 공정했다고 합니다. 그러나 괴상한 일은 관서의 생원 진사 몇 사람은 거의 모두 넉넉하게 사는 사람들이라는 것입니다. 어찌 부자는 글을 잘하고 가난한 자는 글을 잘하지 못하겠습니까?" 내가 말했다. "빈부를 따지지 않고 모두 직접 짓게 한다면 부자들이 가난한 자들보다 꼭 낫다는 법이 없겠지만, 가난한 사람이 지은 글을 빌려 제출한다면 반드시 부자가 합격할 것이 또한 정상적인 일 아니겠습니까?" 누가 말했다. "손님 말이 맞습니다. 설령 성인이 시험관이 되더라도 부자 석숭이 응시하여 회계산이나 적벽 같은 곳에 술을 만 동이나 빚어 왕희지, 이태백으로 하여금 깊이 취하게 한 후 대신 짓고 대신 쓰게 한다면 어찌 당연히 장원이 되지 않겠습니까?" 자리에 모인 사람들이 모두 요란하게 웃어댔다. 내가 말했다. "요즘 세상에 옳고 그름을 가리는 데도 바른 도리가 없어져서, 가난한 사람들이 글을 파는 것은 허물하는 법이 없고 부자가 남에게 글을 짓게 하여 급제하는 것만 탓합니다. 시험을 주관하는 이가 의심을 받지 않으려면 글 잘하고 글씨 잘 쓰는 사람은 부자라 하여 밀어내고 글 못하고 글씨 못 쓰는 사람은 가난한 자라 하여 뽑은 후에야 겨우 공정한 도리라고 할 것입니까" 한 사람이 말했다. "정말 그렇습니다. 글을 파는 자의 죄입니다. 시험을 주관하는 자에게 무엇을 탓하겠습니까."

그러고 나더니 내게 술과 떡을 권하였다. 내가 사양하니 모인 사람들이 말하기를 "이것은 이 모임의 오래된 풍습입니다. 행여 사양하지 마십시오." 나는 젓가락만 대고 물러나와 여관에서 유숙하였다. 이날 30리를 갔다.

二十日

早起作別, 主人送之. 山門外, 有大石, 如屛列立, 溪邊水, 從其中行, 淸駃黝黑, 深不可測, 可以起亭也. 未午, 入价川郡, 本倅洪箕錫. 邑基頗爽朗, 而纔經庚辰大水, 邑底漂沒爲數百戶, 新搆未及奠居, 人家川流, 皆易所云. 店主言, 日前蹤跡殊常人, 來留數日而去云, 必是季賢過去地也. 向夕, 聞儒生輩居接於校中, 緩步入去, 則治經生, 及詩接賦接, 各五人留居焉. 余言, 落榜人, 爲覽山水, 周遊到此云. 接中願聞, 會圍所製, 故適記龜野從叔詩數句, 卽誦傳之, 皆相顧稱善. 仍各出示所製, 亦頗有可觀, 余仍讚不容口. 一人曰, 今番會試, 傳聞至公, 而所怪者, 關西生進幾人, 幾皆饒居者也, 豈富者能文, 而貧者不能文也. 余曰, 無論貧富, 皆使自製, 則富未必優於貧. 而借述於貧者, 則富者之必中, 又豈非公道耶. 一人曰, 客言然矣, 假使聖人考試, 而石崇應試, 釀酒千斛, 於會稽赤壁之間, 使王右軍 · 李靑蓮, 沈醉後, 使之代述代寫, 則豈可不爲公道壯元耶. 一座皆呵呵大笑. 余曰, 今之世, 是非亦無公道, 未嘗咎貧者之賣文, 而獨咎富者之代述点科. 主試者若欲避嫌, 則高文大筆, 謂是富者而黜之, 拙文拙筆, 謂之貧者而擢之然後, 方可謂公道耶. 一人曰, 是誠賣文者之罪也, 主試者何咎焉. 因餽余以酒餠, 余辭焉. 座中曰, 此是接中古風也, 幸勿辭焉. 余下著而退, 留宿店中. 是日行三十里.

✿

박내겸이 19세기 전반 중앙 관인으로서 어떠한 자세를 가지고 있었는가가 잘 드러난 대화이다. 조선후기 과거 시험장에서는 실력 있는 사람을 함께 응시하게 하여 답안을 바꿔치기 하는 등 갖가지 부정행위가 횡행하였다. 한편으로는 과거에 응시하는 사람들의 숫자가 급속히 늘어나고, 또 한편으로는 과거를 정상적으로 운영할 수 없을 정도로 통치질서가 붕괴되어 가는 두 방향의 변화가 만나서 벌어지는 현상이었다.

중앙에서 파견한 어사가 공정하지 못한 과거 시행에 불만을 지닌 시골 유생을 만났을 때 어떻게 처신하여야 했을까. 유생들과의 대화는 과거 답안을 사고파는 부정에 대한 비판으로 시작되었다. 하지만 어사는 궤변을 전개해가면서 그 대화를 결국 글을 파는 가난한 사람에 대한 성토로 끌고 갔다. 시험을 주관하는 관리나 돈으로 답안을 사는 부자들에 대한 비판은 흐지부지되었다. 평안도 개천의 유생들은 낯선 나그네 앞에서 처음 불만을 표출할 때부터 전번의 회시가 매우 공정하게 시행되었다는 단서를 달더니, 결국 시험을 주관하는 이가 무슨 죄가 있겠느냐는 말로 대화를 마무리하였다. 암행어사가 돌고 있다는 소문이 도는 판에, 처음 보는 나그네에게 과거 운영에 대한 전체적인 비판을 하거나 정부 관인을 공격하는 것은 그들에게 불안한 일이었을 것이다.

4월 21일

또다시 노유종과 길을 나누어 그는 바로 안주로 가도록 하고 나는 일찍 출발하여 순천 땅으로 향하면서 무진대(無盡臺)에서 점심을 먹었다. 무진대는 절벽 위에 있는데, 사면이 바위로 된 낭떠러지이고 강물이 감돌아 흐르며 급하게 요동쳤다. 가슴이 오싹하여 내려다볼 수가 없었다. 정자 또한 높이 솟아 탁 트이고 아득한 것이 연광정이나 강선루에 버금갈 만하였다.

정자 위에 병풍과 휘장을 치고 자리를 폈으며 음식을 맡은 아전들이 매우 성대하게 갖추어 접대하였다. 이경진(李景進; 이지연) 대감이 성천을 거쳐 묘향산 구경을 가느라 국령(國令; 이기연), 그리고 이번 진사시에 합격한 국령의 맏아들과 더불어 바야흐로 이곳에 도착하는 까닭에 이곳 수령이 그들을 맞이하여 대접하느라 그런 것이다. 조금 있으니 이대감의 배가 상류로부터 기생과 악공을 싣고 물결을 따라 내려왔다. 나는 모래밭에 우두커니 서 있었는데 마침 그와 눈이 마주쳤다. 이대감이 놀라 물었다. "공주 박생원이 어디서 나타났습니까." 내가 말했다. "정해진 곳도 없이 여기저기 다니다가 문득 우연히 만나니 기쁨을 이기지 못하겠습니다." 함께 무진대에 올라가 이야기를 나누면서 식사를 한 후에 작별하였다.

강을 건너는데 그곳을 지나가던 성부와 경박을 갑자기 만나게 되어 집에서 보낸 안부 편지를 받아 보았다. 성천으로 가는 편에 부쳐온 것이다. 길에서 잠시 이야기하고 헤어졌다. 다시 은산 땅 북창의 앞 강을 건넜다. 소나기를 만나 길가의 어떤 집으로 들어갔는데 어린 아이 하나가 젖을 찾으며 큰 소리로 울어댔다. 주인 할미가 달래 말했다. "울지 마라, 울지 마라. 어사가 온다." 내가 어사라는 것은 알지 못하고 어린 아이에게 겁을 주느라 하는 말이었다. 내가 말하였다. "어사가 비록 무섭기는 하지만 어린 아이가 어떻게 알겠소." 할미가 답했다. "근래 듣자니 어사가 여기저기 돌아다닌다 하여 이 마을의 일을 맡은 무리가 모두 겁에 질리고 바짝 얼어서 몸에 정신이 붙어 있지 않은 것을 보고, 어린 아이를 달래고 으르느라고 하는 말일 뿐입니다." 다시 묻기를 "어사가 호랑이인가 곰인가. 어찌 그리 무섭겠는가?" 하고 이어 말했다. "어사는 임금님께서 가까운 신하를 남몰래 보내어 관리들의 수탈과 민생의

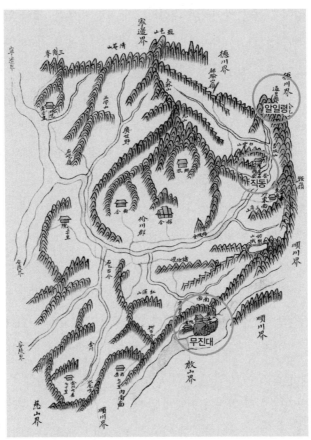

『해동지도』 「개천군」, 서울대학교 규장각한국학연구원 소장.
박내겸이 동쪽의 덕천에서 개천땅에 들어오기 위해 넘은 알일령(憂日嶺. 이 지도
에는 遏日嶺으로 표기), 현심목을 찾아본 직동, 선비들과 과거 결과를 논한 향교,
성천부사 이기연을 만난 무진대 등을 일목요연하게 확인할 수 있다.

고통을 살피게 하는 것이므로 죄가 있는 자는 비록 무섭겠지만 죄 없는 자야 어찌 무서울 것이 있겠는가." 할미가 말했다. "요즘 세상에 어찌 죄 없는 자가 있겠습니까. 암행어사 소식이 있은 후부터 읍내와 촌락을 가릴 것 없이 스스로 몸들을 사려서, 관속이 오랫동안 나오지 않고 토호들도 모두 숨을 죽이고 있습니다. 제발 바라건대 어사가 내 평생토록 돌아다닌다면 빈궁한 마을의 작은 백성들이 의지해 살 만하겠습니다." 나는 입을 다물고 물러났다. 이런 것을 보면 어사 행차가 없어서는 안 될 것임을 알 만하다.

저녁이 되기를 기다려 순천으로 걸어 들어갔다. 본관 수령은 이현기(李顯夔)이다. 읍 터는 볼 것이 없었지만 오직 연정(蓮亭)만은 한 번 앉아서 구경할 만하였다. 이날 70리를 갔다.

二十一日

又與盧吏分路, 使之直往安州, 余則早發, 向順川地, 中火無盡臺. 臺在絶壁上, 四面巉巖, 江水洄洑迅擊, 凜乎不可俯視. 亭亦軒敞縹緲, 可亞於練光·降仙也. 亭上設屛帳鋪陳, 廚吏供具甚盛, 盖李台景進, 由到成都, 爲覽香山, 與國令及國令之胤新榜進士者, 方到此中, 故主倅迎候供餽故也. 少頃, 李台舟, 由上流載妓樂, 順流而下. 余佇立沙頭, 適與之目遇焉. 李台驚問曰, 公州朴生員, 從何來此. 余曰周遊無定, 邂逅相逢, 不勝欣幸. 因共上臺, 打話飯後作別. 渡江, 忽逢誠夫·景博之行, 承見家中平信, 盖自成川便來也. 路上霎話而別. 又渡殷山北倉前江, 遇驟雨, 入路傍一舍, 有一少兒, 索乳啼哭. 主媼誘之曰, 勿啼, 勿啼, 御史來矣, 盖未知余之爲御史, 而恐喝小兒之語也. 余曰, 御史雖可

畏, 而小兒何知. 媼曰, 近聞繡行縱橫, 此村任掌輩, 盖恐怯悚慄, 魂不附體, 故
爲此誘脅小兒之語耳. 因問, 所謂御史, 是虎耶熊耶, 何爲其畏也. 余曰, 御史卽
主上所密遣近臣, 而俾察官吏之侵漁, 民生之疾苦, 則有罪者雖可畏, 無罪者有
何可畏. 媼曰, 今之世, 豈有無罪人. 而一自繡行消息後, 無論邑村, 頗自斂戢,
官屬久不出來, 土豪亦皆屛息, 但願御史一生周行, 則窮巷少民, 庶可聊生矣.
余默而退. 以此觀之, 繡行之不可無, 亦可知矣. 待昏步入順川, 主倅李顯夔也.
邑基無可觀, 而惟蓮亭, 可堪一坐也. 是日行七十里.

❂

　본문의 경진(景進)은 훗날 우의정에 오른 이지연(李止淵)의 자이다. 이
기연은 그 아우이며 여기서 국령(國令)은 자가 경국(景國)인 이기연을 박
내겸이 친구 입장에서 지칭한 것이다. 이지연은 아우 이기연이 성천부
사로 와 있는 것을 인연 삼아 평안도 행차를 한 것으로 보인다. 이지연
은 대사간 자리에서 물러난 틈에 평양에 온 것이다. 그는 이즈음 도승
지에 임명되었으나 서울에 있지 않다는 이유로 교체되었다. 함께 등장
한 이기연의 아들은 이인기(李寅夔)이다. 이인기는 이 일기와 『만성대동
보』 등의 족보에 생원보다 높은 평가를 받던 진사가 된 것으로 기록되
었는데, 실제로는 진사시가 아니고 생원시에 급제하였다. 순조 22년 정
기 시험인 식년시로 치러진 생원·진사마시의 급제자 명부에는 '생원
3등'으로 밝혀져 있다(『숭정사임오식사마방목(崇禎四壬午式司馬榜目)』).
　은산에서 어느 나이 많은 하층민 여자가 암행어사를 향해 던진, "지

금 세상에 어찌 죄 없는 사람이 있겠습니까?" 하는 구절은 촌철살인의 외침이다. 온갖 불법이 횡행하는 고통 속에 살아가는 민중의 실상을 여실히 담고 있다. 박내겸은 '빈궁한 마을의 작은 백성'이 자기 직무의 존재 이유임을 새삼 자각하였다. 남은 과제는 그것이 원론에 그칠 것인가, 더 높은 인식과 실천으로 나아갈 것인가 하는 점이다.

순천 → 안주 → 숙천 → 영유 → 증산 → 함종 → 삼화 → 용강 → 강서 → 평양 → 강동 →

성천 → 강동 → 평양 → 강서 → 용강 → 평양 → 순안

순조 22년 4월 22일~5월 15일
서쪽과 남쪽을 돌아보고
순안에서 처음 출도하다

4월 22일

새벽에 천둥이 울고 비가 내렸는데 날이 개기를 기다려 길을 떠났다. 내가 암행어사가 되어 서도로 나온 이후로, 멀고 가까운 곳의 간사하고 자잘한 무리들이 어사의 수행원을 가장하거나 어사와 친한 사이라고 칭하면서 향리와 백성들을 공갈 협박하여 돈과 재물을 빼앗았다. 그 죄는 죽여도 시원치 않고 폐단 역시 적지 않은 까닭에 일찍이 여러 읍에 공문서를 내려 보내 조사해 잡아들이도록 한 바 있었다. 그런데 이곳에 들어오자 읍의 장교들이 오히려 내가 돌아다니는 것에 의심을 품어, 몰래 발자취를 더듬어 쫓아다니면서 떨어지지 않아 몹시 고달팠다. 어떤 고개에 도달하여 말과 마부, 수행원을 먼저 보내고 나무 아래에서 홀로 쉬노라니 추적하는 자가 다가왔다. 마주 앉아 이야기를 나누는데 먼저 엉뚱한 일을 말하면서 내 모습을 살폈다. 나는 얼굴색에 조금도 변함이 없이 묻는 대로 대답하였다. 그러자 그 사람은 암행어사가 다닌다는 이야기를 꺼내더니 또 가짜 어사에 대해서도 말했다. 그리고 지금 남몰래 조사하러 다니는 중이라고 말하기도 하고 또한 내 행동거지가 수상하다는 말까지 하였다. 그러더니 민간에서 붉은 실[紅絲]이라고들 부르는 쇠줄을 허리춤에서 꺼내어 보이며 말했다. "길손은 이 물건을 알아보겠는가." 이 지경에 이르러 재앙의 징조가 곧 머리에 닥치는 터라 나도 대답 없이 가슴에서 마패를 꺼내 보이며 말할 따름이었다. "너는 이 물건을 알아보겠는가." 순간 그 사람은 얼굴색이 흙빛이 되어 입을 다물고 말을 못하면서 쳐다보더니 곧 자빠졌는데 언덕을 따라 판자 위의 구슬처럼 몸이 굴러가다가 평평한 곳에 이르러서야 멈췄다. 나는 마패를 들어 다시 가슴 속에 넣은 후 밑으로 내려가 그를 부축해 일으키며 위로하였다. "너나 나나 모두 각자 나라 일을 하는 사람이다. 너무 겁먹지 않아도 되니 힘을 내서 일을 해 가자." 이어서 먼저 자리를 떠서 고개를

안주 백상루의 근대 모습.
청천강변의 군사 시설이기도 하다.

넘어 갔다. 그 광경은 참으로 포복절도할 일이었다.

　빈수원에서 점심을 먹고 저녁에 안주에 도착하였다. 그대로 가면 동문을 통해 들어가야 했지만 행적이 지목받을까 두려워 빙 돌아서 서문으로 들어갔다. 곧바로 백상루(百祥樓)에 올라가니 누각은 높이 솟아 앞이 탁 트였으며 크고 아름다웠고, 성첩과 관청 건물들은 평양에 버금갔으니 이곳은 역시 반드시 지켜야 할 곳이었다. 저 중국의 수 양제와 당태종이 쳐들어 온 때로부터 홍경래의 난에 이르기까지 이 성은 적에게 함락된 적이 없고 산하가 참으로 아름다우니 가히 복 받은 땅이라고 일컬을 만하다. 다만, 옛날에는 강의 흐름이 성벽을 치며 지나가서 평양 대동강가의 연광정이나 진주 남강가의 촉석루와 같았으나 50년 전부터 점차 성 밑에 넓게 흙이 쌓여 강물이 활의 사정거리보다 7, 8배나 물러나게 되었으니 그것이 흠이라고 하겠다. 예전에 영조, 정조 두 임금님께서 여러 번 골똘히 생각하시어 평안 병사를 뽑아 보내 강의 흐름을 막을 방도를 마련하게 하셨으나 아직까지 이룬 것이 없다. 어찌 걱정이 되지 않겠는가.

　누각에서 내려와 북문으로 나가 칠불사에 들어갔다. 수 양제가 원정 왔을 때 장수를 강 밖에 주둔시켰는데 그 강에 막혀 건널 수가 없었다. 저녁 무렵 일곱 노인이 옷을 걷어 올리고 강을 건너는 것을 발견하고는 얼음이 이미 단단히 얼었다고 생각하여 군대를 몰아 전진시켰다가 얼음이 꺼지는 바람에 모두 강물에 빠져 죽었다. 일곱 노인은 신인(神人)이었던 것이다. 안주 사람들이 그들의 상을 빚어 절에 모셨는데 이 절은 이런 사정으로 칠불사라는 이름을 얻었다고 한다.

어두워진 후에 여관에 들어가니 일행 일곱 명이 일제히 도착하였는데 모두 탈이 없어서 매우 기뻤다. 조용하고 구석진 곳을 찾아 자리 잡고 묵었다. 이날 90리를 갔다. 안주 목사는 홍시제(洪時濟), 평안 병사는 조화석(趙華錫), 우후는 정홍관(鄭鴻觀)이다.

二十二日

曉雷雨, 待晴發行. 一自繡行西出之後, 遠近奸細之徒, 或假托從人, 或稱有親誼, 恐嚇吏民, 徵討錢財. 罪不容誅, 斃亦不些, 故曾已關飭列邑, 使之詗捕矣. 及入此境, 邑校輩, 反致疑於余行, 暗地追蹤, 相隨不離, 故余甚苦之. 行到一嶺, 使人馬及從人先行, 獨憩樹下, 追者踵至. 對坐接語, 先言外事, 以觀余俯仰, 故余略不動色, 隨問答之. 則其人因語及繡行事, 又語及假繡行事, 又語及方行譏詗事, 又語及余行止殊常事, 仍又自腰間, 出示鐵索, 俗所謂紅絲者曰, 客能知此物乎, 到此地頭, 禍色便迫頭矣. 余不答語, 亦自懷中, 出示馬牌曰, 汝能知此物乎云爾. 則其人面色如土, 囁不能語, 望後便仆, 隨岸轉身, 如板上之丸, 至址而止. 余乃取馬牌, 更藏懷中, 下去扶起而慰之曰, 吾與爾, 皆各爲國事者也, 不必過爲恐怵, 須努力做去也. 仍卽先行, 踰嶺而去. 其光景誠絶倒也. 中火頻水院, 夕到安州. 當由東門入, 而恐被指點, 透迤從西門入. 直上百祥樓, 樓亦軒豁宏麗, 城堞廓宇, 亞於箕城, 亦是必守之地也. 粤自隋煬唐宗, 迄于壬申, 此城未嘗有陷賊之時, 山河固甚美, 而亦可稱福地也. 但昔時江流憂過城外, 如鍊光 · 矗城, 而五十年來, 漸次擴決, 退在七八帿之外, 是可欠也. 昔在英正兩朝, 屢軫聖念, 擇送帥臣, 另講塞流之道, 而尙未能焉, 豈不可慨也. 下樓出北門, 入七佛寺. 隋煬帝來征時, 駐帥江外, 阻江不能渡, 向夕見七老人, 褰衣涉

『1872년 지방지도』「안주목」, 서울대학교 규장각한국학연구원 소장.
평안도 병영이 자리잡은 군사 도시이면서 중국과 통하는 무역 도시였다. 왼쪽
끝에 백상루가, 위쪽에 망경루가 있다.

江, 意謂已氷堅, 麾師前進, 氷陷幷沒于江. 盖七老人, 卽神人也. 州人塑像安于寺, 寺之得名以此云. 昏後入店舍, 一行七人, 幷皆齊到, 無蜺甚可喜也. 討一靜僻處, 歇泊留宿. 是日行九十里. 本倅洪時濟, 兵使趙華錫, 虞侯鄭鴻觀.

❊

　암행어사 행차가 지역민들에게 널리 알려진 것에 뒤이어 일어난 현상은 가짜로 암행어사의 수행원이나 친지를 칭하는 인물들의 활동이었다.

　안주는 의주와 평양 사이, 중국으로 가는 길에 자리 잡은 국제 교역 중심지 중의 하나였고, 조선초기에 영변에 있던 평안도 병영이 1627년에 그곳으로 옮겨져 청천강을 앞에 둔 국방의 중심지가 되었다. 백상루는 청천강을 향해 높이 솟아오른 누각으로 주위의 상황을 한눈에 파악할 수 있는 곳이었다. 홍경래의 난 때 청천강 건너 송림에서 관군과 봉기군의 격전이 벌어졌을 때 관군이 승리할 수 있었던 것도 평안 병사 이해우(李海愚)가 이곳에서 전투 상황을 내려다보며 지휘한 것에 힘입었다. 단 여기서는 안주가 함락된 적이 없다고 기록하였으나 17세기 정묘호란 때만 하여도 청나라 군대와의 전투에서 6,000명에 달하는 사상자를 내면서 함락된 적이 있다.

4월 23일

각기 몰래 조사한 기록들을 내놓고 수정해가면서 옮겨 적었다. 계현은 지금 감영 장교의 직책을 띠고 있으므로 끝까지 자취를 감추기가 어려운 까닭에 먼저 평양으로 돌려보냈다. 피곤하여 종일토록 누워 있었다.

二十三日

各出廉問記, 修正謄寫. 季賢時帶營幕, 終難藏蹤, 故先送于箕城. 終日憊臥.

4월 24일

경박과 덕유를 각처로 나누어 보냈다. 나도 떠나려 하였으나 비 때문에 그러지 못했다. 저녁에 잠깐 개었기에 망경루(望京樓)에 올라갔다. 땅의 형세가 갑자기 툭 끊어진 것이 평양의 을밀대와 거의 같았다. 저녁에 여관에 돌아와 묵었다.

二十四日

又分送景博·德惟於各處. 余亦欲發, 而雨未果. 夕乍晴, 登望京樓. 地勢陡絶, 彷彿平壤之乙密臺. 夕還宿旅舍.

4월 25일

성부와 치삼은 더 머물러 있다가 다른 길로 가게 하고 노유종만 데리고 출발하였다. 길에서 큰 비와 우박을 만나 정씨 성의 좌수 집으로 피해 들어갔다. 숙천에서 점심을 먹었는데 읍 터는 비록 특별히 볼 것이 없었으나 역시 큰 읍이었다. 본관 수령은 남석구(南錫九)인데 직책이 바뀌었지만 아직 돌아가지 않았고 신임 수령 이관식(李觀植)은 부임하지 않았다고 한다. 밤에 유곡(柳谷)에서 묵었다.

여기부터는 바닷가 읍이다. 며칠 새 더위가 시작되어 매우 힘들다. 고개를 오를 때 바다 경치를 바라보면 퍽이나 시원하다. 영유까지 십리 안쪽이다. 이날 80리를 갔다.

二十五日

留置誠夫 · 稚三, 使之從他路作行, 獨與盧吏發行. 路逢大雨雹, 避入鄭座首家. 中火肅川. 邑基雖無別觀, 而亦是大邑也. 本倅南錫九, 已遞而未歸. 新倅李觀植, 未到任云. 夜宿柳谷, 自此始爲海邑也. 近日肇炎甚苦, 登嶺時望海色, 頗可爽也. 距永柔, 十里而近. 是日行八十里.

4월 26일

일찍 영유현으로 들어갔다. 본관 수령은 이정신(李鼎臣)이다. 여기 또한 큰 읍이지만 산수간에 유람할 경치는 없다. 백로리(白鷺里) 김 좌수 집에서 아침을 먹었는데 그는, 좌랑을 지내고 지금은 죽은 김희린(金禧獜)

의 아들이다. 일찍이 김 좌랑과 친숙하였지만, 김 좌수에게 그 윗대와 의 우의는 감히 말하지 못했다. 저녁에 돈산촌(敦山村)에서 묵었다. 증 산까지는 20리가 못 미치는 거리이다. 이날 70리를 갔다.

二十六日

早入永柔縣, 本倅李鼎臣也. 亦可謂大邑, 而無遊觀山水之勝. 朝食於白鷺里 金座首家, 金卽故佐郎禧獜之子也. 曾與金佐郎親熟, 而不敢道世交之誼. 夕宿 敦山村, 距甑山, 二十里而近. 是日行七十里

✻

김희린(金禧獜)은 영조 7년(1731)생으로 47세의 늦은 나이로 정조 1년 (1777)에 진사시에 합격하고 5년 후인 52세에 평안도 별시 문과를 통과 하였다. 급제 당시에는 삭주에 거주하고 있었다. 과거 시행 후 정조는 합격자들을 특별히 불러 보았다. 훈련대장 구선복(具善復)은 김희린에 대해 문신 집안 출신이며 5대가 동거한다는 특징을 들어 국왕에게 소개 하였다. 정조는 그에게 거주지, 나이 등을 묻고 과거 답안의 몇 구절을 암송하게 하였다. 김희린은 50이 넘은 나이로 인해 바로 참상관인 6품 직으로 승진하는 특별대우를 받아, 국왕의 행적을 기록하는 사변가주 서에 임명되었고, 그 후 예조좌랑 등을 지냈다. 이와 같은 김희린의 과 거 급제와 관직 역임은 정조의 특별한 관심과 대우 속에 중앙정계에 진 출하는 평안도 명문가 출신 인사의 행로를 보여준다. 영조와 정조가 추진한 탕평책은 당파 사이의 분란을 없애는 것을 넘어 소외된 지역을 국가에서 끌어안는다는 정책을 포함하였다. 하지만 김희린은 늦은 나이로 진출하였을 뿐 아니라 관직도 국가 운영의 핵심으로는 더 나아가지 못하였다. 그 지역에서는 명문가라고 하지만 평안도 출신 인사가 중앙 정부 진출에서 맞닥뜨렸던 한계 또한 여실히 보여주고 있다.

4월 27일

아침 일찍 증산으로 들어갔다. 본관 수령은 권중임(權中任)이다. 읍 터는 꽤 트이고 맑았으며 마을이 깨끗하고 질서 있었다. 길에서 바라다보니 본관 수령이 한 기생과 손님 한 명을 데리고 관아 왼편의 초가 정자에서 함께 활쏘기를 하고 있었는데 매우 청아하게 느껴졌다. 과녁 있는 쪽으로 언덕을 넘어가 반나절을 보고 즐겼다.

본관 수령은 나와 한 동네 사람이므로 알고 지내는 사이인데도 한 번 불러 함께 이야기하지 못하였다. 세상일이란 참으로 알 수 없는 구석이 있다. 저녁에 함종에서 묵었다. 본관 수령은 임태순(任泰淳)이다. 읍 터는 볼 것이 더욱 없었다. 이날 40리를 갔다.

二十七日

早入甑山縣. 本倅權中任. 邑基頗開朗, 而閭井蕭條矣. 路上望見, 本倅携一妓一客, 伴射於衙左茅亭, 甚覺淸雅. 走向越崗帿邊, 半晌看玩. 主倅是余同閈故交, 而不敢一呼與語, 世上事, 誠有未可知者也. 夕宿咸從. 本倅任泰淳. 邑基尤無可觀. 是日行四十里.

4월 28일

듣자니 읍의 창고에서 환자 곡식을 나누어준다기에 여러 사람 중에 섞여 창고 마당으로 헤치고 들어갔다. 여기저기 돌아보는데 나누어주는 쌀이 품질이 거칠다고 몇 사람이 수령 앞에 나아가 고발하려 하였다. 해당 아전들이 함께 말리니 그 사람들이 원망하여 말하였다. "요즘 암행어사가 내려왔다고 하는데도 당신들은 이처럼 농간을 부리는가. 거친 곡식을 나누어준 데 더해 억울한 사정을 호소하는 길까지 막아버리면 백성들은 어떻게 살아가라는 말이오." 아전들이 웃으며 말하였다. "작년에 거친 곡식을 바치고서 지금은 고운 곡식을 받으려 하니, 고운 곡식이 어디서 생겨나겠는가. 이것은 우리들이 농간한 것이 아닌데 당신들이 우리를 죽이려 하는가? 그리고 암행어사가 이 마당에 들어와 있지나 않은지 어떻게들 알고 이처럼 소란스럽게 구는 거요?" 그 몇 사람은 결국 말을 못하고 받은 것을 헤아려 흩어졌다. 어리석은 백성들은 호소할 곳도 없다니, 참 심하구나.

오후에 걸어서 낙민정(樂民亭)에 나갔다. 네모난 연못이 꽤 넓고 회화나무, 버드나무 그늘이 엇갈려 물고기들을 바라보기에 정말 좋은 자리였다. 낚시꾼들을 만나 함께 물가 낚시터에 앉아 이야기를 하다가, 시험 삼아 암행어사 소식을 찔러보니 이렇게 대답하는 것이었다. "암행어사 행차가 두세 번 지나갔는데 어제 오늘 또 왔다고 합니다. 남들이 이야기하는 것을 언뜻 들으니 오늘 온 사람은 가짜인 것 같다고 하던데 잘 알지는 못하겠습니다.” 내가 “어느 간 큰 녀석이 감히 어사 행세를 한다는 말이오”라고 말하니 “근래 인심이 맑지 못하니 못된 무리가 가짜로 다니면서 재물을 빼앗는 폐단이 없으란 법이 있겠습니까”라고 대답하였다. 나는 입을 다물고 일어나 돌아왔다. 여관에 앉아 있으려니 갑자기 어떤 사람이 뛰어 들어와 말을 붙이는데 다녀온 길을 따져 묻는 것이었다. 나 역시 그에게 따져 보았더니 낚시꾼에게 내 이야기를 들은 사람이었다. 속으로 매우 이상한 생각이 들어 그를 보낸 후 수행원을 시켜 뒤를 밟아 살피게 하였더니, 아전과 장교들이 아래 위 집집마다 모여든 것이 우리를 에워싸고 조여드는 것 같다는 것이었다. 그리하여 즉시 비밀히 공문을 발행하여 나에 대한 말을 지어낸 사람을 잡아 가두게 하고, 밤을 타서 출발하였다. 5리 밖에 있는 여관으로 나가서 묵었다.

二十八日

聞邑倉分糶, 雜於衆民之中, 闖入倉庭. 周行之際, 有數人以米色之麤劣, 欲入告官前. 色吏共挽之, 數人者怨曰, 近聞繡衣下來, 而君輩猶如是作奸耶. 旣給麤劣之穀, 又防白活之路, 民何以聊生耶. 吏笑曰, 旣納麤穀, 欲受精穀, 精穀何從而生乎. 此非吾輩之弄奸, 而君輩欲殺我乎. 且安知繡衣之不入此庭中, 而如是喧聒耶. 數人者, 遂默默量分而散. 甚矣, 愚民之無所控訴也. 午後步出樂民亭, 方塘頗闊, 槐柳交蔭, 正好觀魚處也. 逢釣徒, 共坐漁磯, 談話之際, 試探繡行消息. 則答云, 繡行再三次過去, 而昨今又來云矣. 俄聞人語, 今日所來者, 似是假托云, 未可知也. 余曰, 何許瞻大者, 乃敢假托也. 答云, 近來人心不淑, 安知無不逞之徒, 假托誅求之弊耶. 余乃默而起來, 坐店舍, 忽有一人, 突入接語, 若詰蹤跡. 余亦詰其人, 則乃釣者所聞之人也. 心甚疑訝, 謝遣後, 使從人從後探視, 則吏校輩, 屯聚於上下諸家, 而似有圍逼之狀云. 故仍卽發秘關, 使之捉囚造言人, 乘暮離發. 出宿於五里外店舍.

❊

원문의 백활(白活)이란 민이 관청에 올리는 소장, 청원서, 진정서를 가리킨다. 읽을 때는 발괄이라고도 발음한다. 발괄의 넓은 뜻에는 자기편을 들어달라고 남에게 부탁하거나 신령 부처에게 구원을 비는 일까지 포함된다.

박내겸의 발길 닿는 곳곳에 전도된 현실이 펼쳐졌다. 함종에서 환곡을 분배받는 백성들은 암행어사가 자기편에 서서 아전들을 단속할 수 있다고 생각하였다. 하지만 아전들은 그런 백성의 항의를 일소에 부쳤다. 그들에게 통치질서란 민중을 협박하는 데 활용할 권위일 따름이었으며 암행어사야말로 그 대표적인 존재였다. 유감스럽게도 함종의 백성들은 그런 아전들의 협박을 반박할 논리와 용기를 아직 갖추지 못한 상태에 있었다. 앞서 개천 향교에서 시골 유생들에게 궤변을 늘어놓으면서 정부의 과거 운영을 옹호하던 박내겸의 눈으로 보아도, 백성의 고통을 구하라고 파견된 암행어사가 도리어 아전들이 백성을 협박하는 구실로 이용되는 현실은 '참 심한' 것이었다.

함종의 아전과 장교들이 박내겸을 단속하려고 한 것은 그가 가짜 어사라고 짐작했기 때문일 것이다. 하지만 실상은 그보다 한층 복잡하였을 가능성이 있다. 우선 결과를 보면, 이날 박내겸은 함종에서 더 이상 조사활동을 하지 못하고 밤을 타서 급하게 그 고을을 떠나야 했다. 함종의 아전과 장교들은 박내겸이 진짜 어사일 가능성을 충분히 예상하면서도 그의 업무수행을 방해하려는 의도였을 가능성이 있다. 어사의 정상적인 탐문 활동이 자기들에게 유리할 것이 없었기 때문이다. 그들의 의도가 정말 그러했다면 그것은 일단 큰 성과를 거두었다.

4월 29일

노유종이 병이 나서 길을 갈 수가 없기에 몸을 조섭한 후 바로 평양으로 가게 하였다. 두 역노만 데리고 일찍 출발하여 이문동(里門洞)에서 점심을 먹고 도감(都監) 이사원(李思遠)을 만나 조용히 이야기를 나누었다. 저녁에 삼화에 도달하였는데 본관 수령은 구진(具縉)이었다. 읍 터는 비록 컸지만 별로 아름답지 않았다. 해가 아직 높았으므로 여러 곳을 빙빙 둘러보다 어둠을 타고 여관으로 들어가 묵었다. 이날 50리를 갔다.

二十九日

盧吏病不可作行, 使之調攝, 直往平壤. 獨與二奴早發, 中火里門洞, 逢李都監思遠穩話. 夕抵三和, 本倅具縉. 邑基雖大, 而不甚佳也. 日尚早, 遊迤歷數處, 乘暮入宿店舍. 是日行五十里.

도감 이사원과 이야기를 한 것을 보면 그에게 암행어사 신분을 감추지 않은 듯하다. 이사원은 박내겸과 개인적으로 매우 가깝거나 암행어사 업무 수행에 직결된 인물이었을 듯한데, 문과 급제자가 아님은 물론 생원시나 진사시 급제 여부도 드러나는 것이 없다.

5월 1일

　일찍 출발하였다. 마현(馬峴)을 넘어 양의공(襄毅公) 김경서(金景瑞)의 영당(影堂)으로 찾아 들어가 참배하였다. 유생 두서너 명이 그곳에 머무르면서 공부를 하고 있었는데 모두 양의공의 후손이었다. 영당이 또한 그 산 아래에 있고 옆에 세워진 큰 비석은 판서 민종현(閔鍾顯)이 비문을 지은 것이다. 그 제사를 모시는 후손 김치화(金致和)는 충청도 웅천(熊川) 수령을 하다 돌아온 후에 문을 닫아걸고 부모를 모신다고 한다.

　비를 무릅쓰고 용강현으로 들어가 점심을 먹었다. 본관 수령은 안광직(安光直)인데 평양에 가서 아직 돌아오지 않았다고 한다. 읍 터는 꽤 트였고 맑은데 읍 앞 연못의 정자는 더위를 피하기에 좋았다. 읍 뒤에 있는 황룡산성(黃龍山城)은 성첩이 꽤 단단하고 사면이 툭 끊어져 떨어진 것이 바닷가의 길목을 막는 요충지로서 꼭 지켜야 할 곳이라고 하겠다. 처음에는 하나하나 둘러보려 했으나 비가 와서 들어가지 못하고 곧 출발하였다.

길에서 용강 수령을 만나는 바람에 급히 말에서 내려 길 왼편으로 돌아 피한 후에 강서현으로 급히 달려 들어갔다. 본관 수령은 윤헌규(尹憲圭)이다. 읍 터가 꽤 편안하고 온화하였으며, 넉넉하고 번성하였다. 먼저 구고정(九皐亭)에 올랐는데 그것은 연못에 있는 정자였다. 연못이 넓고 탁 트였는데 안에 섬이 아홉 개 있는 까닭에 정자 이름을 그렇게 붙였다고 한다.

밤중에 진사 홍희규(洪羲圭)를 찾아갔다. 그는 관서의 뛰어난 인물인데 내 얼굴을 알지 못한다고 생각해서였다. 그는 역시 처음에 몹시 냉대하다가 밤이 깊어지자 등불을 걸더니 무릎을 바싹 대고 말하였다. "어찌 이 누추한 곳에 오셨습니까? 귀인은 저를 알지 못할지라도 저는 일찍이 평동(平洞)에 모인 자리에서 여러 번 뵈어 귀한 얼굴을 잘 알고 있습니다." 나는 따로 대답할 말이 없어 비밀이 새지 않도록 할 것만 부탁하고 여관으로 돌아와 묵었다. 이날 60리를 갔다.

五月

初一日

早發. 踰馬峴, 歷入金襄毅公景瑞影堂瞻拜. 有數三儒生, 居接做工, 皆襄毅之後孫也. 影堂亦在其山下, 傍竪豊碑卽閔判書鍾顯所制也. 其祀孫致和, 熊川遞歸後, 杜門養親云. 冒雨入龍崗縣, 中火. 本倅安光直, 平壤未還云. 邑基頗開朗, 邑前蓮亭, 亦宜避暑也. 邑後有黃龍山城, 城堞頗固, 四面陡絶, 可謂海沿關防, 而要衝必守之地也. 始擬歷觀, 而雨不克入, 旋發. 路遇龍崗倅, 慌忙下馬,回避路左, 疾馳入江西縣. 本倅尹憲圭. 邑基頗穩藉殷盛也. 先登九皐亭, 卽蓮亭而蓮塘廣闊, 中有九島, 故亭以名云. 夜訪洪進士義圭. 洪是關西之雄也, 謂不當知余面. 洪亦初甚冷待矣, 夜深懸燈後, 洪忽促膝曰, 何以枉臨於陋處耶, 貴人雖不知我, 而我則曾已屢見於平洞座上, 熟知尊顔矣. 余亦無辭可答, 只囑以勿泄, 還宿店舍. 是日行六十里.

❋

　김경서(1564[명종19]~1624[인조2])는 초명인 김응서(金應瑞)로도 널리 알려진 인물로서, 평안도 용강 출신으로 무과에 급제해 여러 무장직을 역임하고 임진왜란에서 전공을 세웠다. 광해군 대인 1616년 명에서 후금을 정벌하기 위해 조선에 원병을 요구했을 때, 평안도병마절도사로서 원수 강홍립(姜弘立) 휘하의 부원수로 출병하였다. 전세가 불리하여 강홍립과 함께 후금에 투항하였으나 적정을 탐지한 기록을 본국에 보내려 한 사실이 밝혀져 처형당하였다. 중국 명을 섬기는 명분에 충실했던 조선후기 인사들은 김경서를 후금에 저항하지 않은 강홍립에 대비하여 매우 높이 평가하였다. 꼭 필요하지 않은 행동은 하지 말아야 했던 박내겸도 이런 까닭에 김경서의 사당을 참배한 것으로 보인다.

　김치화는 정조 1년(1777)생으로 25세에 무과에 급제하여 여러 관직을 역임하였다. 김경서의 후손이라는 점이 유리하게 작용하였을 텐데도 수령 이상의 진출은 여의치 않았던 듯하다. 당시 평안도의 무과 급제자들은 일반적으로 6품에 오르고 수령직에 나가는 것을 목표로 삼고 있었다.

홍희규는 정조 10년(1786)생으로 22세 때 진사시에 장원급제하였다. 진사가 된 후 팔도의 유생들과 더불어 16~17세기 서인의 중심인물인 조헌(趙憲)과 김집(金集)을 성균관에 배향하자는 상소를 올렸다. 아버지 홍이일(洪履一)도 평양의 단군 사당인 숭령전(崇靈殿)의 참봉을 지낸 것을 보면 그 지역의 명망가였던 것으로 보인다. 여기서 드러난 홍희규의 행적은, 집권세력의 입지를 강화하는 작업에 참여하거나 서울의 엘리트들이 모이는 자리를 많이 쫓아다녔지만 결국 중앙의 관직 진출에 실패하고 고향으로 돌아와 있을 수밖에 없던 수많은 평안도 인사들의 상황과 일치한다.

5월 2일

일찍 출발하여 태평시(太平市)의 여관에서 점심을 먹었다. 이 시장은 도회를 이룬 곳인데 여염집들도 꽤 넉넉하고 번성하였다. 그곳의 큰 다리인 적교(狄橋)를 건너갔다. 다리 아래로 끝없이 펼쳐진 큰 들이 그대로 바다로 나가는 어귀에 가 닿았는데 바다 조수가 넓은 들에 차올라 평평한 호수를 이루는 것이 참으로 장관이었다. 폭우를 만나는 바람에 급하게 평양 보통문(普通門)으로 달려 들어가 전번에 묵었던 유희필의 집에 바로 도착하였다. 일행이 모두 모였는데, 경박만이 아직 오지 못하였다. 이날 70리를 갔다.

「동여도」에서 볼 수 있는 태평동(태평시)의 입지. 서울대학교 규장각한국학연구원 소장.

初二日

　早發, 中火太平市店. 市卽都會處, 閭舍頗殷盛. 歷過狄橋, 橋下卽無邊大野,

直通海口, 而海潮衝上大野, 仍成平湖, 眞壯觀也. 遇暴雨, 疾馳入平壤普通門,

直抵劉君家. 一行皆會, 而獨景博未及來矣. 是日行七十里.

❋

　태평동은 삼화, 용강, 강서 방향에서 평양으로 들어가는 길목에 자리

잡았다. 서울로 치면 송파와 같은 입지에서 같은 기능을 수행하였다고

볼 수 있다. 그곳의 시장은 특히 대동강을 이용한 수상교통으로 인해 발전했을 것이다.

5월 3일

만수대(萬壽臺)에 가서 계현과 진사 홍성구(洪聖九)를 만나서 집에서 보낸 문안 편지를 보았으며, 밤에는 감사를 찾아갔다가 계명시(새벽 1~3시)에 나와서 잤다.

初三日

往萬壽臺, 逢季賢及洪進士聖九, 見家中平信. 夜見巡使, 鷄鳴後出宿.

❈

박내겸은 가족과 편지를 주고받았다. 집에서 보낸 편지가 암행어사를 찾아다니게 되면 어사 행차가 남들에게 알려질 가능성도 자연히 높아지게 된다. 정원용은 그의 저서 『수향편(袖香編)』에서 암행어사가 편지를 빈번히 주고받는 것을 비판하였다.

5월 4일

덕유와 치삼을 먼저 돌려보냈다. 여러 읍을 이미 두세 번씩 조사했으며 일행에 사람이 많아 심히 걱정이 되었기 때문이다. 나도 함께 출발하여 밤에 장수원(長水院)에서 묵었다. 이날 30리를 갔다.

初四日

德惟·稚三, 先爲還送. 盖列邑幾已再三探問, 而行中多人, 甚可悶故也. 余亦同發, 夜宿長水院. 是日行三十里.

❀

일행이 많아서 하게 된 고민의 내용은 무엇이었을까? 많은 인원이 함께 움직이는 것은 어사 행차의 비밀을 유지하는 데도 방해가 되었지만, 비용 면에서도 문제가 되었을 것이다. 박내겸보다 120여 년 앞서 숙종 22년(1696)에 황해도에 파견되어 『해서암행일기』를 남긴 박만정(朴萬鼎)의 경우에는 식량을 조달하느라 매우 애를 먹었다. 박내겸은 관찰사를 여러 번 찾아볼 정도로 위상이 높아서 그랬는지 일행이 움직이는 비용을 조달하는 데 큰 어려움을 겪은 자취는 발견되지 않는다.

5월 5일

일찍 출발하여 바로 통하는 길을 택하여 학나루[鶴津]를 건너 강동현에서 점심을 먹었다. 성천 땅으로 들어갔는데 읍인으로 의관을 갖춘 자들이 끊임없이 오고 가는 것을 보았다. 고개를 넘을 때 말에서 내려 쉬면서 그 이유를 물어보니 대답이 이와 같았다. "우리 부사가 이름난 관인인데 승지에 임명받아 서울로 가신다고 합니다. 우리들이 이처럼 훌륭한 수령을 잃고 무엇에 기대어 살아가겠습니까. 온 읍의 높고 낮은 백성들이 지금 읍내에 모두 모여 수레를 끌어당겨 행차를 막을 계획을 세우고, 한편으로는 감영에 나아가 호소하면서 그대로 머물러 계시도록 청원서를 올리려 합니다." 내가 말했다. "백성들의 마음이야 비록 머무르게 하고 싶더라도 이미 직책이 갈린 관리가 어찌 그대로 주저앉겠습니까? 감영에서 비록 그대로 있도록 청한다 하여도 조정에서는 또 어떻게 이 사람을 오래 외직에 둘 수가 있겠습니까. 여러분이 하는 일은 결국 헛수고가 될 뿐 이득은 없을 듯합니다." 그들이 대답하였다. "근래 들자니 암행어사가 내려왔다는데 이렇게 훌륭한 관리를 어찌 백성을 위하여 그대로 둘 것을 청하지 않는단 말입니까. 어사된 사람 또한 훌륭한 어사라고 할 수가 없겠습니다." 내가 말하였다. "어사가 조정에 보고하는 것이 어느 때일지는 모르지만 필시 거기에 앞서 신임 수령이 부임하실 것이니, 어느 겨를에 보고하여 요청하겠습니까." 대답하기를 "어사는 임금님의 명령을 받드는 신하입니다. 죽이고 살리는 것이 그 손에 달려 있고 내쫓고 높이는 것을 뜻대로 하는데, 하고자 하는 모든 일에 어찌 못하는 것이 있겠습니까. 우리는 어사를 원망하지 않을 수가 없습니다"라고 하였다. 이기연 그 친구가 얼마나 덕 있는 정치를 베풀어 이렇게 되었는지는 알 수 없었지만, 어리석은 백성들이 하는 일이란 우스울 따름이었다.

저녁에 성천부에 들어가니 이기연은 지금 유선관에 나가 거처하며 모레 출발한다는 것이었다. 이번에도 이름을 바꾼 명함을 넣은 후에 들어가 만났다. 자리에서 물러나 툇마루에 앉아 있자니, 젊은 기생 하나가 옆에 앉아 한참 들여다보고 말하였다. "제가 겪어본 사람이 많습니다. 손님께서는 결코 궁하고 어려운 분이 아니신데 행색은 왜 이렇게 초라하신가요. 다시는 제가 선비님들 관상 볼 생각을 하지 말아야겠습니다." 내가 대답했다. "그대의 예리한 눈으로 이런 칭찬을 하는군. 지나간 것이야 그렇다 치고 앞길에는 좋은 바람 부는 시절이 있을까. 그렇게만 된다면? 마땅히 그대를 황금으로 지은 집에서 지내게 하겠네." 기생이 말하였다. "옛말에 이르기를 선비는 자기를 알아주는 사람을 위하여 죽고 여인은 자기를 사랑하는 자를 위해 얼굴을 꾸민다고 하였거늘, 진정 자기를 사랑하는 자가 있다면 사마상여의 쇠코잠방이라도 감히 사양하지 않을 것입니다. 제가 비록 천한 사람이지만 돈과 짝하는 것을 부끄러워하거늘 어찌 꼭 황금으로 만든 집을 기대하겠습니까. 외람되오나 손님께서는 저를 속마음이 통하는 사람으로 대하지 않는 듯하니, 그것이 더욱 가슴이 아픕니다." 나는 다만 웃을 뿐 대답하지 않았다.

이어서 그녀와 더불어 시문을 평하고 산수를 논하였으며 각자 지은 시 몇 편을 읊었다. 끊임없이 이어지는 고운 이야기에 싫증을 느낄 겨를이 없고 가락과 품격이 맑고 아름다웠으며 생각과 마음이 속세를 벗어났으니, 참으로 당대에 견줄 바가 없는 신이 내려준 재주꾼이었다. 그녀의 기생 이름은 부용(芙蓉)이고 자는 추수(秋水)이며 호는 스스로 수일방인(水一方人)이라 하였다. 어려서부터 시를 잘 짓는다고 이름이 났다.

일찍이 서울에 드나들었는데, 귀한 집 자제와 높은 자리의 명사들이 그를 끌어다 함께 앉아 시와 노래를 주거니 받거니 하지 않은 사람이 없었다. 나도 그 이름을 많이 듣고 그가 지은 시를 익히 보았는데 이제 직접 만나보니 과연 이름은 그저 얻어지는 것이 아니었다. 밤에는 성천 부사와 함께 유선관에서 잤다. 이날 100리를 갔다.

初五日

早發, 取直路, 渡鶴津, 中火江東縣. 入成川界, 見邑人衣冠者來去不絶. 踰嶺時, 下馬休憩, 試問其由. 答云, 吾倅名官, 而方以承旨承召上京云, 吾儕失此良倅, 何以聊生. 一邑大小民人, 方齊會於邑中, 爲攀轅挽行之計, 一邊往訴于營門, 爲狀請仍任之地也. 余曰, 民情雖欲挽之, 已遞之官, 豈可遷坐. 營門雖欲請仍, 朝廷亦豈可久置此人於外乎. 君輩事應徒勞而無益也. 答曰, 近聞繡行下來云, 如此良吏, 何不爲民請仍也. 爲御史者, 亦不可謂名御史也. 余曰, 繡行復命, 不知在於何時, 則新官到任, 必在其前, 何暇奏請乎. 答曰, 御史奉命之臣也, 生殺在手, 黜陟惟意, 則凡所欲爲, 豈有不可爲之事乎. 吾輩不得不埋怨於御史也云云. 李令行何德政, 而能致此也. 但愚民事, 還可笑也. 夕入府, 李令方出處於留仙館, 方欲以再明發行矣. 又諱名通刺後入見, 退坐欄頭, 一少妓傍坐熟視曰, 吾閱人多矣, 客位必非窮困者, 而行色如何草草也, 吾不敢復相士也. 余曰, 以君慧眼, 有此嘉奬. 已往且置, 前頭能有好風吹時節耶. 苟如是也, 當以黃金屋處君矣. 妓曰, 古語云, 士爲知己者死, 女爲悅己者容. 苟有悅己者, 雖長卿之犢褌, 所不敢辭. 妾雖賤人, 恥爲金夫, 則何必待黃金屋耶. 窃恐客位不以知己待妾也, 還可慨然. 余只笑而不答. 仍與評隲詩文, 談論山水, 各誦所製詩若干篇口, 纏纏不厭, 調格淸麗, 情思超逸, 眞絶代神才也. 盖妓名芙蓉, 字秋水, 自號水一方人. 自幼以能詩名, 曾出入京洛, 貴介明公, 無不延接酬唱. 余亦熟聞其名, 慣見其詩, 而今乃見其面, 果名不虛得也. 夜與主令, 伴宿於留仙館. 是日行百里.

❄

　　이기연은 순조 20년 12월에 성천 부사에 임명되어 약 1년 4개월 재직한 후 순조 22년 4월 25일 승정원 우부승지에 임명받아 서울로 올라가게 되었다. 그동안 이기연이 성천을 다스리면서 선정을 베풀었을 것은 짐작할 만한 일이다. 하지만 고을 주민들의 행동을 훌륭한 수령을 붙들어 두고자 하는 충심에서 나온 것으로만 본다면 너무 단순한 해석이라고 생각한다. 무엇보다도, 평안도에서도 크고 부유한 성천 고을의 수많은 주민들이 떠나가는 수령의 길을 가로막고 관찰사에게 청원서를 올림으로써 국왕의 명령을 바꿀 수 있다고 믿을 만큼 어리석었다고 생각하기는 힘들다. 여러 가능성이 있다. 훌륭한 수령을 따르는 행동을 보임으로써 후임 수령에 대하여, 그리고 주위의 여러 수령에 대하여 성천주민들이 일종의 시위를 감행한 것은 아닐까. 또는 중앙의 명망가인 이기연과의 인연을 더욱 돈독히 하여 이후 고을의 이익을 도모하고 주민들의 중앙 진출에 도움을 받고자 한 것이라고 볼 수는 없을까? 성천 주민들과 구체적인 사정을 하나하나 따지고 그들의 행동을 어리석다고 일소에 부친 박내겸이야말로 친구인 이기연을 둘러싼 흐뭇한 상황에

『규방미담』, 버클리 대학 소장.
평양 기생 부용의 『상사시』를 이용하여 놀이를 할 수 있도록 한 책이다. 다만 이
책의 부용과 시 등의 사실관계는 아직 확인할 수 없다.[1]

취하여 사태를 객관적으로 보지 못한 것일 수 있다. 훌륭한 수령을 붙들어 앉히겠다는 주민들의 행동은 미담의 외양을 띠고 있지만, 국왕의 명령에 이의를 제기하고 나선 그들이 행동 방향만 바꾼다면 부정한 수

1　이종묵, 「놀이로서의 한시: 버클리 대학 소장 『규방미담』」, 《문헌과 해석사》 통권 37호(2006년 겨울) 참조.

령과 국왕의 명령에 대한 저항으로 나아갈 수도 있었다.

박내겸을 대접한 성천의 기생 부용은 훗날 안동 김씨의 세력가인 김이양(金履陽)의 소실이 된 후 금원김씨(錦園金氏) 등과 함께 삼호정시단(三湖亭詩壇)을 이루어 문학 활동을 하고 『운초시집(雲楚詩集)』을 남긴 여류 시인 김운초(金雲楚)라고 한다.[2] 그런데 기생 부용과 박내겸의 만남에는 이 일기에 적시되지 않은 정황이 따로 있었던 듯하다. 이름난 기생이 정체를 모르는 나그네를 본격적으로 대접한 데는 부사인 이기연의 지시가 있었다고 보는 것이 자연스러울 것이다. 기생 부용이 거론한 사마상여(司馬相如, 기원전 179~117)의 쇠코잠방이에는 중국 고대의 고사가 얽혀 있다. 탁문군(卓文君)과 사마상여는 한눈에 사랑에 빠져 함께 도주하였으나 살아갈 길이 없어 탁문군 자신은 술을 빚어 손님들에게 팔고 남편인 사마상여도 쇠코잠방이를 입고 주점 일을 하였다는 것이다. 원문의 장경(長卿)은 사마상여의 자이다.

5월 6일

일찍 출발하여 강동으로 들어갔다. 비오는 형세가 매우 급하여 그냥 머물러 묵었다. 이날 50리를 갔다.

---

2 李麗秋, 『金雲楚와 柳如是, 그리고 韓・中 妓女文學』, 소통, 2013, 101~140쪽 참조.

初六日

早發. 入江東. 雨勢甚急, 仍留宿. 是日行五十里.

5월 7일

일찍 출발하여 큰 길을 따라갔다. 열파정(閱波亭)에 오르니 정자는 절벽 위에서 맑은 강물을 내리누르듯이 서 있고 시야가 넓게 트여서 이곳 또한 명승지였다. 강을 건너 장시를 지난 후 장수원에서 점심을 먹고 평양으로 들어갔다. 경박은 이미 양덕에서 돌아왔다가 노유종과 함께 나갔고, 성부가 혼자 머물러 있기에 함께 묵었다. 이날 90리를 갔다.

평안도 강동 열파정, 『관서명승도첩』, 서울역사박물관 소장.
정자 이름은 파도를 바라보며 감상하는 곳이라는 뜻이다.

初七日

早發, 從大路行. 登閱波亭, 亭在絶壁上, 壓臨清江, 眼界甚豁, 亦勝地也. 渡江歷場市, 中火長水院. 入平壤, 景博已自陽德歸來, 而復與盧吏出去矣, 誠夫獨留, 故同留. 是日行九十里.

5월 8일

저녁 무렵에 대동문으로 걸어가 보니 이기연의 배가 앞강에 내려오는데 기다려 맞이하는 것이 매우 요란하였다. 성머리에 우두커니 서서 행차로 인한 먼지만 바라볼 뿐이니 그들은 천상의 신선에 그칠 바가 아니었다. 밤에 관찰사의 처소에 들어가 이기연과 더불어 많은 이야기를 하다가 한밤이 되어 돌아왔다.

初八日

向夕, 步往大同門, 則景國令舟下前江, 迎候甚盛. 佇立城頭, 瞻望行塵而已, 不啻若天上仙也. 夜入棠軒, 與國令鼎話, 達宵而歸.

❋

이기연이 성천 부사에서 우부승지로 새로 발령이 난 상태에서 관찰사의 관저에서 묵고 있으며 박내겸이 그를 찾아가 친숙하게 이야기하였다. 이기연이나 박내겸의 정치적 위상이 높았기에 가능한 일이었을

평양내성, 『관서명승도첩』, 서울역사박물관 소장.
중앙 가까이 있는 큰 건물이 관찰사의 집무소인 선화당이고 그 앞에 관찰사의 처소가 그려져 있다.
넓고 화려한 광경이 평안도 관찰사의 경제적·정치적 위상을 반영한다. 이 건물들 중 한 곳에서 관찰사
김이교가 박내겸을 접견했을 것이다.

것이다. 원문의 당헌(棠軒)은 원래 관찰사의 집무처인 선화당(宣化堂)을 가르키는 용어이지만, 여기서는 관찰사가 머무르는 관저를 뜻한 것으로 보아야 할 것이다.

5월 9일

식사 후에 강머리에 나가 이기연이 막 출발하는 것을 보았다. 피리와 북, 돛과 돛대며 위엄 있는 의장이 매우 요란하였다. 이기연은 그림배 위에 단정히 앉았는데 그를 모시던 기생 경란(鏡鸞)이 옆에서 애틋한 미

련에 이별하지 못하였다. 이기연은 손을 저어 들어가게 했지만 경란은 더욱 말도 못하고 일어나지도 못하여 울기만 하니 눈물이 비처럼 쏟아질 뿐이었다. 배가 오래도록 떠나지 못하고 이기연 또한 정을 끊고 떨쳐 떠나지 못하더니, 마침내 함께 타게 하여 배를 출발시켰다. 한번 웃어줄 만한 일이었다.

初九日

食後出江頭, 見國令方發行. 笳鼓帆幢, 威儀甚盛. 國令端坐畵舫上, 而房妓鏡鸞者, 在傍戀戀, 不能別. 國令揮之使入, 而鸞猶不言不起, 但涕淚如雨而已, 船久不得發. 國令亦不能斷情揮去, 乃令同載發船. 可發一笑也.

❋

　　지방관이 현지의 관기를 데리고 임지를 떠나가는 것은 명백한 불법이었지만 조선후기에 흔히 벌어지는 일이었다. 훌륭한 관원인 이기연이 자기를 따르는 기생 경란을 어디까지 데리고 갔는지 확인할 수는 없다. 하지만 암행어사의 시각을 지키던 박내겸으로서는 이 장면만으로도 웃음을 금할 수가 없었을 것이다.

5월 10일

일찍 출발하여 태평시의 식당에서 점심을 먹었다. 저녁에 비를 무릅쓰고 바로 용강 관아 문전으로 들어가 박씨 성의 공주 유생이라 자칭하며 문을 두드려 본관 수령을 만날 것을 청하니, 그 역시 기미를 알아채고 맞아들였다. 한밤까지 조용히 이야기를 하였는데 아전이나 기생이 의심을 두는 자가 통 없었다. 이날 120리를 갔다.

初十日

早發, 中火太平店. 夕冒雨直入龍崗官門, 自稱公州朴生, 叩閽請見. 主倅亦知幾邀入, 達宵穩話, 吏屬妓輩, 尤無致疑者. 是日行百二十里.

❀

여기서 아전이나 기생이 의심하지 않았다는 기록 역시 박내겸의 자기 합리화일 따름이라고 판단된다.

5월 11일

종일토록 비가 왔다. 비를 무릅쓰고 돌아오는 길에 나서서 태평시 여관에서 점심을 먹고 저녁에 평양으로 들어왔다. 이날 120리를 갔다.

十一日

終日雨. 冒雨還發, 中火太平店, 夕入平壤. 是日行百二十里.

용강에 왕복하면서 그곳 현령 안광직을 만나고 왔다. 이렇게 급히 움직인 까닭은 일기에 나타나 있지 않다. 안광직은 박내겸보다 5살 많고 문과급제는 4년 일렀다. 사간원 정원 등 중앙에서 활발히 활동하였으며 훗날 대사성 등을 거쳐 예조판서까지 승진한 엘리트 관원이다. 두 사람 모두 문과 출신으로 당시 품계도 동일하였으므로 상당한 친분이 있었을 것으로 보인다. 박내겸으로서는 어차피 비밀을 지킬 수 있는 대상이 아니었으므로 다른 사람의 눈을 피해 급히 가서 만났던 것 같다. 이로부터 두 달이 채 안 된 7월 9일, 용강현령 안광직은 휴가를 받아 서울에 머무르고 있었는데 임지로 내려가라는 임금의 명령을 몸이 아프다고 따르지 못하다가 파직당하였다.

5월 12일

경박과 노유종이 들어왔다. 각자 조사한 기록을 정리하게 하고 잠깐 연광정에 갔다. 강 건너를 보니 안장을 갖춘 말이 구름과 같고 쌍 피리 소리가 맑게 울렸다. 급하게 뱃사공을 부르니 사공이 관청 배를 가지고 가서 건네주었다. 평양 외성 사람으로 새로 급제한 전윤담(全允淡)의 빛나는 귀향 행차인 것이다. 강을 건너더니 곧바로 내성의 넓게 트인 큰 길로 접어들어 지나갔다. 이때 음악 연주가 금지되어 있어서 비록 풍악은 울리지 못하였지만 광대와 기녀들이 종종걸음을 치면서 뒤쫓는 것이며 위엄 있는 차림이 성대하여 그 또한 하나의 장관이었다.

저녁에 경란(鏡鸞)의 집을 찾았다. 경란은 이곳에 소속된 기생이면서 성천에 가서 머무르고 있는 자인데 지금 막 돌아왔으나 마침 집에 없었다. 이름이 빙심(氷心)이라고 하는 그 어머니는 나이가 41세인데 외모는 나이들어 보이지 않았지만, 맞아들이는 품이 꽤나14 정성스럽고 넉넉했다. 내가 말했다. "나는 구걸하러 다니다가 지난번에 성천에 가서 경란과 얼굴을 익혔으므로 믿고 찾아왔지만, 행색이 이와 같이 초췌한데 주인네가 이처럼 정성스레 대해주니 몹시 고맙네." "제가 30년 동안 화류 마당에서 늙어오면서 겪어본 사람들이 매우 많습니다. 논다는 사람들이 우리 집에 올 때는 모두들 깨끗한 옷을 입고 화려하게 치장하여, 시골의 못난 선비들은 감히 문도 들여다보지 못했습니다. 지금 손님께서는 해진 도포와 찢어진 신을 신고 뚜벅뚜벅 걸어 들어오고 행동과 말씀

「평양도십첩병풍」(부분), 서울대학교박물관 소장.
평양의 관찰사 행차나 문과 급제자 행차는 소문난 볼거리였다.

이 마치 옆에 아무도 없는 것처럼 당당하시니, 반드시 오래지 않아 아주 귀하게 될 분이십니다. 제가 어찌 감히 만만히 대할 수 있겠습니까."
이어서 홍로주(紅露酒)를 유리잔에 가득 부어 권하니 나는 큰 잔을 셋이나 연거푸 비웠다.

조금 있으려니 경란이 돌아와 나를 기쁘게 맞아주었다. 경란이 말하기를, 성천에 있을 때 부용이 내게 무릎을 바싹대고 정성스럽게 말하는 것을 보고 이상히 여겨 "어째서 구걸하며 다니는 길손과 서로 극진하게 구는가"라고 물으니 부용이 "그대들이 무얼 알겠소. 겨우 성천 태수가 귀인이라는 것만 알겠지요. 이 손님이 지금 비록 용모가 초췌하고 행색이 초라하지만 성천 태수나 할 사람은 아닙니다"라고 대답하였는데, 그 말을 듣고 행색을 자세히 살펴보니 과연 범상한 사람이 아니었다는 것이다. 나는 경란이 비밀을 알아챈 것을 알고서는 일어나 나왔다.

十二日

景博·盧吏入來, 使之各修廉記, 暫往練光亭. 隔江見鞍馬如雲, 雙笛寥亮,
急呼梢工, 梢工以官船往濟之. 盖平壤外城人, 新及第全允淡, 榮到之行也. 越
江直入內城, 橫衝通衢而去. 時値停樂, 雖不張樂, 而倡優妓女騈從, 威儀之盛,
亦一壯觀也. 夕訪鏡鸞家, 盖鸞是此邑妓, 而往留成川者也. 今始還歸, 鸞則適
不在家. 其母名氷心者, 年四十一, 顔貌雖不甚衰, 迎接頗款洽. 余曰, 吾以求乞
之行, 向往成川, 與鏡鸞有熟面, 故委訪而來矣. 行色如是憔悴, 而主媼如是款
待, 極可感也. 答曰, 妾老於花柳場三十年, 閱人甚多矣. 蕩子之來吾家者, 必皆
鮮衣華飾, 而鄕曲拙士, 不敢窺戶矣. 今君以弊袍破屨, 大踏步入來, 容止言語,
傍若無人, 必是不久大貴人也, 妾豈敢相慢乎. 仍以琉璃盃, 滿酌紅露而勸之,
余連倒三觥. 少頃, 鸞亦入來, 欣然迎接. 自言, 在成都時, 見芙蓉之接膝款語,
怪問曰, 何爲與行乞客相款也. 蓉曰, 君輩何知, 但知成都太守之爲貴人耶. 此
客今雖憔悴而薄. 不爲成都倅者也. 妾自聞此語, 諦視行色, 果非凡常人也. 余
知其見機, 遂起出.

❋

전윤담은 이 해 4월에 시행된 문과의 정기 시험인 식년시에서 35세의
나이로 가장 높은 등급인 갑과(甲科)의 세 번째 순서로 급제하였다. 1년
후에 정6품 예조좌랑이 되고 그 후 호조정랑, 국왕의 측근에서 활동하
는 사관인 기주관을 거쳐 병조정랑에 임명되고 충청도 진잠현감으로
나갔다. 성균관 전적, 함경도사를 거쳐 헌종 원년(1835)에는 엄중한 권

위를 지니는 정5품 사헌부 관직인 지평에 올랐고, 그로부터 4년 후에는 사헌부의 정4품 관직인 장령에 임명되었다. 평안도 출신 문과 급제자들은 지역차별을 받았기 때문에 승문원 분관이라는 엘리트 코스로 나아갈 수 없었는데 그것이 개방된 것이 순조 25년(1825)이었다. 그 3년 전에 문과에 급제한 전윤담으로서는 비록 승문원 분관의 코스는 밟지 못했으나 그 시점에서 평안도 출신 인사가 경험할 수 있는 최고의 경로를 밟아간 것이다. 그러나 그것이 순조로웠던 것만은 아니다. 문과 급제자가 승문원 분관 이후에 걷게 되는 엘리트 코스는 청요직(淸要職)으로 진출하는 것인데 그 길목에 병조정랑 자리가 있다. 전윤담은 헌종 5년에 병조정랑에 임명된 바로 그날 충청도 진잠현감으로 나가게 되었다. 권위있는 관직으로 진출하는 기반이 되는 병조정랑에 임명되었다가 돌연 지방의 수령으로 인사명령이 바뀐 것은 그가 평안도 출신이어서 엘리트 코스 진출에 제동이 걸린 것이라고 생각된다. 또한 전윤담은 지평으로서 별다른 언론 활동을 수행한 바 없으며 장령이 되었을 때는 실제 관직에 나아가지 않았다. 이후 승문원 판교를 거쳐 장령에 다시 임명되었으나 이때도 고향에 머물러 있었다(이상 『승정원일기』). 전윤담이 관직 진출에서 거둔 성취는 평안도 출신으로서 중앙정부의 핵심 관직인 청요직에 잠깐 도달했었다는 사실, 거기까지였다.

경제력이 크고 유흥문화가 발달한 평양에서 과거 급제를 축하하는 잔치는 이미 널리 소문난 행사였다. 일찍이 정조 6년(1782)에는 국왕이 평안도에서 시행되는 도과(道科)의 감독관을 불러, 평양에서 급제자가 발표된 후 대동강에서 벌어지는 잔치에 대해 깊은 관심을 보이고 특별

「대동강놀이(월야선유도)」, 전 김홍도, 국립중앙박물관 소장.
복장을 보면 여러 계층의 사람들이 횃불을 들고 야간의 잔치에 참여하였다. 논자에 따라서는
일방적인 노동력 수탈로 해석하기도 하는데 그것은 너무 경직된 평가일 듯하다.

히 그것을 그림으로 그려 병풍을 만들어 바치라고 명령하였다. 전윤담

은 평양 외성 사람이라고 밝혀져 있는데 그곳은 선비[士人]들이 많이 거

주하는 지역으로서, 그가 평양의 세력 있는 가문 출신임을 짐작할 수

있다. 더욱이 그는 서울의 식년시에 으뜸가는 등급으로 급제하였으니

고향에서 시행되던 평안도민을 위한 특별시험인 도과(道科)에 급제한
것보다 훨씬 큰 영광을 얻었다. 경제력만 받쳐주었다면 화려하다고 소
문난 평양의 문과 급제자 잔치 중에서도 그를 축하하는 행사가 으뜸가
는 것이었으리라고 짐작할 수 있다. 서울의 엘리트 출신인 박내겸이 감

탄사를 토하는 데는 그럴 만한 전후 맥락이 있었다.

다음의 행로에서 확인되는 바와 같이 박내겸은 이제 신분을 감추고 벌인 염탐활동은 거의 마무리하였다. 그는 그것을 핑계로 신분을 적당히 감추고 평양의 기생집에 놀러갔을 것이다. 성천의 명기 부용이나 그의 동료 경란이 그의 신분을 알아챈 것은 그렇다고 쳐도, 경란의 어미 빙심까지 그가 범상치 않은 사람임을 짐작하고 평양 특산인 홍로주를 부어가며 대접하였다. 어사로서의 자세를 모두 떨쳐버리지는 않은 박내겸으로서는 자기 신분이 밝혀졌음을 확인하는 순간 술맛이 싹 가셨을 것이다.

5월 13일

오후에 일제히 길을 떠나 그대로 황혼에 순안현 관아 문 앞에 도달했다. 본관 수령 이문용(李文容)은 마침 산사로 놀러나갔다가 아직 돌아오지 않았고 관속들은 그를 마중하려고 모두 관문 밖에 모여 있었다. 역졸들이 빠른 소리로 암행어사 출도를 한 번 외치니 사람들이 무리지어 놀라 피하는 것이 마치 바람에 날려 우박이 흩어지듯 하였다. 우선 문루에 올라가 바라보니 온 성안의 등불이 모두 꺼지고 바깥문들이 빠짐없이 닫혔다. 연달아 급하게 외쳤지만 끝내 사람의 자취는 없었다. 내 수행원들이 여기저기 들어갔는데 관아 건물들이 모두 비어서 사람이 없었다. 나도 오래 서 있기가 어려워 천천히 동헌으로 들어갔는데 그곳 역시 빈 집이었다. 암행어사의 위엄과 서슬은 과연 이와 같은 것이었다.

한참 있자 차차 모여들더니 병풍을 두르고 자리를 펴며 책상에 촛불을 밝혀 점차 위엄과 의식을 갖추게 되었다. 밤이 깊어 큰 상을 하나 차려 내왔는데 마침 체증으로 설사가 나서 젓가락을 댈 수가 없었다. 한 번 실컷 먹는 것도 운수가 따로 있는 듯하여 웃음이 나왔다. 조사하고 다스리는 일을 대략 행한 다음 닭이 세 번 운 후에 잠자리에 들었다. 이날 50리를 갔다.

十三日

午後, 一齊治發, 黃昏直抵順安縣官門外. 主倅李文容, 適作山寺之遊, 未及歸, 官屬爲迎候, 齊會於官門外. 驛卒輩疾聲一呼, 人衆辟易, 如風飛雹散. 試登門樓望之, 滿城燈火皆滅, 外戶盡閉. 連聲疾呼, 終無人跡. 從人輩遍入, 各廳虛無人矣. 余亦難於久立, 緩步入衙軒, 亦空館也. 繡衣風稜, 果若是耶. 良久, 稍稍來集, 屛帳鋪陳, 燈燭几案, 漸成威儀. 夜深供一大卓, 而適患滯泄, 不得下著, 一飽食亦有數耶, 可笑. 略行査治, 鷄三鳴就寢. 是日行五十里.

✿

박내겸이 평안도에 암행어사로 나와 순안현에서 첫 번째 출도를 하였다. 그동안 염탐활동을 하여 사전 준비를 갖춘 후 이제 공개적인 조사와 조처 단계로 들어간 것이다. 박내겸은 자신의 출도에서 상당한 쾌감을 느꼈음을 감추지 않았다. 『열녀춘향수절가』에서 이몽룡이 출도하자 "좌수 별감 넋을 잃고, 이방 호장 실혼(失魂)하고, 삼색 나졸 분주하네."라고 하거나, 변사또 생일잔치에 모인 인근 수령들이 엉망으로 도망하는 장면 등이 과장만은 아님을 알 수 있다.

　오늘날 국어사전에는 대개 암행어사의 '출도(出道)'는 표제어로 올라 있지 않고 '출두(出頭)'가 '어사출또'의 원말이라고 되어 있다. 하지만 『조선왕조실록』을 비롯한 조선시대 자료에는 한자로 '出道'라고 표기하였고, 춘향전을 비롯한 한글 자료에는 대개 '출도(츌되)'로 썼다. 근대 이후 우리 역사가 왜곡되어 전개되는 속에서, 조선시대 정부 관인이나 대중이 큰 관심을 두었던 용어마저 제대로 전해지지 않은 것이다.

5월 14일

　종일토록 문서와 장부를 조사, 검토하고 죄수들을 심문하여 다스렸다. 이 읍은 둘째 할아버지께서 귀양살이 하던 곳이다. 시험 삼아 그때 머물러 지내시던 곳을 물어보니 주인은 이미 죽고 그 아들 김원호(金元灝)가 지금 아전 일을 이어받아 하고 있으므로 불러들여 좋은 낯으로 만나보았다. 당시 그 어머니가 매우 부지런히 받들어 모셨다는 것을 들었기에 음식을 내려 주었다. 겁먹어 두려워하던 끝에 좋아서 기뻐하는 모습이 매우 생생하였다.

　　十四日

　　終日查閱文簿, 推治罪囚. 此邑卽仲從祖謫居之地也. 試問其時居停, 主人則已死, 而其子金元灝, 方隨行吏役, 故招見賜顏. 聞其老母, 其時供奉甚勤者, 故推食以賜之. 恐怵之餘, 歡喜可掬也.

국립중앙도서관이 소장하고 있는 『밀양박씨세보』(古2518-25-114
권2)에 따르면 박내겸의 둘째 할아버지는 박천행(朴天行)으로서 어사를
도와 함께 평안도에 온 '성부 아저씨', 즉 박사호의 아버지이기도 하다.
박천행은 정조 12년(1788) 양주 목사로 재임하던 중에 임금 행차에 대
비한 선창(船艙) 관리를 잘못한 죄로 음력 9월 9일에 평안도 순안현으
로 유배당했다가 같은 해 12월 10일에 풀려났다. 박내겸은 선조들의 행
적을 찾아보고 업적을 칭송하기 위해 많은 노력을 하였다. 학맥이나 인
맥, 경제력에서 그리 내세울 것이 없었던 처지였기 때문이라는 설명이
있다.[3]

5월 15일

비가 조금 왔다. 하루 종일 쉬지 않고 읍 일을 조사하고 죄수를 처리
하였다.

　　十五日

　　小雨. 査閱推治, 終日不止

3　강석화, 「19세기 전반의 실무관료 박내겸의 생애와 사상」, 『조선의 정치와 사회』(최승희교수
　　정년기념논문집간행위원회 편), 집문당, 2002, 381쪽.

순안 → 용강 → 삼화 → 용강 → 평양 → 순안 → 숙천 → 안주 → 개천 → 덕천 → 영원 →
맹산 → 순천 → 안주

순조 22년 5월 16일~6월 9일

서남과 동북, 끝에서 끝을
돌아 안주에서 출도하다

5월 16일

조사가 끝났기에 즉시 각 창고들을 닫아 봉하게 하였다. 내가 본관 수령과 개인적으로는 친교가 있지만 처지가 어쩔 수 없어 부득이 이렇게 하게 되었는데, 비록 공무를 수행하는 것이라지만 마음으로는 차마 할 수 없는 노릇이었다. 이미 해가 졌는데 즉시 말을 끌어내 출발하였다. 관문을 나서자마자 바로 앞뒤의 수행원들을 일제히 뒤에 떨어뜨리고 샛길을 따라 날아가자니 마치 달아나는 것 같았다. 전과 같이 평복에 남루한 거지차림이니 한림학사 소식(蘇軾)의 일장춘몽도 이처럼 빠르지는 않았을 것이다. 웃음이 나왔다. 저녁에 수우점(水隅店)의 여관에 들어가 묵었다. 이날 10를 갔다.

十六日

査閱旣畢, 卽令封閉各庫. 余與主倅, 卽布衣交, 而迫不得已至於此擧. 雖是按公, 而心則不忍也. 日已入矣, 卽地出馬發行. 纔出官門, 卽令前後騶從, 一齊落後, 從夾道飛也. 似走出. 依舊是布衣寒乞也, 蘇內翰之一場春夢, 猶不如是之速也, 好笑. 暮投水隅店宿. 是日行十里.

❋

순안현의 사정을 조사한 끝에 관청의 창고를 폐쇄하는 조처, 즉 봉고(封庫)를 하였다. 봉고는 그곳 수령의 직무를 정지시키는 효력을 지닌다. 이러한 조처는 즉시 그 도의 관찰사에게 보고되고 관찰사는 그것을 즉시 중앙에 보고하였다. 이때도 관찰사 김이교는 장계를 올려 "암행어사가 봉고를 하였으므로 관례에 따라 순안현령 이문용을 파직하는 일"을 중앙에 보고하였다. 박내겸의 봉고가 있은 후 불과 나흘 만인 5월 20일에 조정에서는 평안도관찰사의 장계에 따라 후임 현령을 뽑아 내려보내라는 왕명이 내려졌다. 이후 이문용은 파직 후 경기도 장단현에 내려가 있다가 박내겸이 암행어사 일을 마치고 돌아와 바친 보고서에 의해 본격적으로 처벌이 논의되었다. 그는 원정(原情)을 제출하여 억울함을 호소하기도 하였으나 결국 그해 8월 20일에 삼천리 밖으로 유배되는 처벌을 받았다.

봉고는 암행어사가 고을 수령에게 내릴 수 있는 가장 엄한 조처였다. 흔히 암행어사의 봉고파직을 거론하지만 파직을 포함한 관리의 임면은 국왕의 권한이어서 암행어사가 멋대로 처리할 수 있는 사안이 아니었다. 잘못이 있다고 하더라도 백성들이 보고 있는 현장에서 수령이 암행어사에게 파직을 당하는 일은 조선왕조의 지배체제가 작동하는 기반인 상하 명분의 원칙에도 맞지 않았다. 다만 봉고의 처분이 내려지면 앞에서 말한 대로 관찰사의 건의에 따라 해당 수령을 파직하고 정부에서 새 인물을 선정하여 보내는 것이 관례였다. 이때 관찰사 역시 직접 수령을 파직할 수 있었던 것이 아니고 관례에 따라 수령을 파직하는 일에 대해 중앙에 보고를 할 뿐이었다. 암행어사가 수령에 대해 봉고 파직한 경우는 소설 춘향전에 나온 가공의 사건을 빼고는 아직 확인된 사례가 없다.

암행어사 출도를 하여 한껏 권력과 권위를 뽐냈으나 다음 임무 수행을 위해 다시 암행으로 들어갔다. 소식의 일장춘몽이란 소식(蘇軾, 1036~1101)이 창화(昌化)로 좌천되어 가서 한 노파를 만났는데, 그녀가 "한림학사 소식이 옛날에는 부귀하더니 이제 일장춘몽이 되었다"라고 말한 고사를 말한 것이다.

5월 17일

일찍 출발하여 모안(母岸)의 여관에서 점심을 먹고 저녁에 용강현에 들어갔다. 현의 아전들이 기미를 알아채고 괜히 놀라 당황하여 이리저리 뛰어다니며 미리 병풍이며 휘장을 치고 다과를 준비하기를 밤새도록 그치지 않았다. 또 한편으로는 번갈아 문 밖에 나와 계속해서 사정을 살폈다. 우리는 짐짓 모르는 척하고 자리에 들어 깊이 잤다. 이날 120리를 갔다.

十七日

早發, 中火母岸店, 暮入龍崗縣. 官吏輩, 知幾虛驚, 惶惑奔走, 預設屛帳, 準備茶啖, 終夜不止. 又迭來門外, 窺伺不已. 吾輩則佯若不知, 就寢熟睡, 是日行百二十里.

5월 18일

닭이 처음 울 때 일제히 길을 떠났다. 새벽 달빛을 받으며 마현(馬峴)을 넘어 바로 삼화읍으로 들어가는데 하늘이 비로소 밝아 왔다. 곧바로 관문 밖을 향해 갔는데 본관 수령은 마침 평양에 행차해 있었다. 또다시 빠른 소리로 한 번 외쳤는데 현의 아전들이 아직 일어나지 않았던 터라 옷차림이 엉망이었다. 한참 있으니 와서 모이기에 동헌으로 들어갔다. 심문해 다스리는 일을 크게 벌이고 머물러 잤다. 이날 20리를 갔다.

十八日

鷄初鳴, 一齊發程, 乘着曉月, 踰馬峴, 直抵三和邑, 則天始明矣. 直向官門外, 主倅適作平壤行矣. 又疾聲一呼, 官吏輩未及起寢, 顚倒衣裳, 良久來集, 遂入衙軒. 大行推治, 仍留宿. 是日行二十里.

＊

　아전들이 암행어사의 행적을 면밀히 감시하고 있었지만, 어사 박내
겸 또한 거기에 대처하는 솜씨를 보였다. 처음 출도한 순안을 떠나 다
시 암행을 시작한 박내겸은 동남쪽으로 방향을 잡았지만 가까운 증산,
함종, 강서를 버려두고 용강으로 들어갔다. 용강에서 하룻밤을 지낸 어
사는 그 행차를 파악하여 출도에 대비하는 용강의 아전들마저 기만한
후 준비가 안 된 남쪽의 삼화로 뛰어 들어간 것이다.

5월 19일

그대로 머물렀다.

　十九日

　留.

5월 20일

　업무 조사가 끝났으므로 신분을 밝힌 행차[明行]로 용강현으로 들어
갔는데 밤이 이미 깊었다. 본관 수령이 이름을 향염(香艷)이라고 하는
기생 하나를 잠자리에 들여보냈으므로 결국 함께 갔다. 이날 20리를
갔다.

二十日

查閱旣畢, 明行入龍崗縣, 已侵夜矣. 主倅以一妓名香艶者薦寢, 遂與之伴宿. 是日行二十里.

❁

박내겸이 기생과 함께 잔 것은 불법이었다. 조선초기 세종대에 높은 손님이 오면 수령이 기생을 보내 잠자리를 함께 하게 하는 일을 금지하는 법률이 정해진 이래 어사에게 기생을 보내 잠자리를 받들게 한 용강 현령도, 그 대접을 받아들인 박내겸도 모두 심각한 처벌의 대상이었음이 『대전통편』, 『대전회통』에 이르기까지 변함없는 법률 규정이었다. 하지만 성실하게 어사 업무를 수행한 박내겸조차 하등의 죄의식을 내보이지 않을 만큼 관리와 관기의 동침이 관례처럼 행하여지던 것 또한 현실이었다. 이와 같은 법률 규정과 현실 사이의 거리는 조선사회의 체제를 개혁하는 방향을 따져보는 데 중요한 문제가 된다.[1]

5월 21일

그대로 머물렀다.

1 오수창, 「조선의 통치체제와 춘향전의 역사적 성취」, 《역사비평》 99, 2012, 344~346쪽 참조.

二十一日

留.

5월 22일

황룡산성에 올랐다. 성은 읍의 뒤편으로 몇 리 떨어진 곳에 있는데 삼면이 툭 끊어져 내렸으나 한쪽면은 완만하여 밖에서 성 안을 살펴볼 수 있으니 성을 세워 지킬 만한 곳이라고 말하기 힘들다. 그러나 연해의 다섯 읍에 오로지 이 성이 있을 따름이므로 진(鎭) 하나를 설치하지 않을 수가 없다. 저녁에 동헌에서 묵었다.

二十二日

登黃龍山城, 城在邑後數里之地, 三面陟絶, 而一面平易, 自外窺見城內, 不可謂守城之地. 而沿海五邑, 只有此城, 故不得不設置一鎭矣. 夕宿衙軒.

5월 23일

일찍 출발하였다. 관아 문을 나서자마자 또 곧바로 수행원들을 뒤에 떨어트리고 빨리 달려갔다. 태평시의 여관에서 점심을 먹었다. 저녁에 큰 비를 무릅쓰고 평양에 들어가 묵었다. 이날 110리를 갔다.

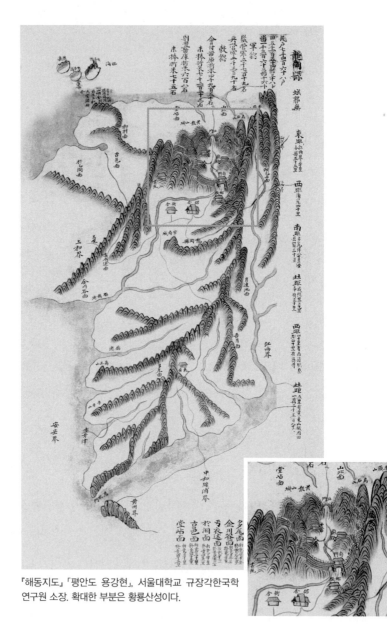

『해동지도』「평안도 용강현」, 서울대학교 규장각한국학
연구원 소장. 확대한 부분은 황룡산성이다.

二十三日

早發. 纔出官門, 又便令騶從落後, 疾馳作行. 中火太平店. 夕冒大雨, 入宿平壤. 是日行百十里.

5월 24일

서울에서 온 편지를 받아보고 파발 편에 답서를 부쳤다. 일찍 출발하였는데 간밤에 비가 몹시 퍼부어 계곡물이 모두 넘쳐난 탓에 온갖 어려움을 겪으며 길을 갔다. 순안현에서 점심을 먹었는데 이곳은 일전에 자취를 드러낸 곳이다. 그때는 사람들이 감히 고개를 들어 쳐다보지 못하였으므로 내 얼굴은 비록 모두 알아보지 못하지만 수행원들은 자취를 숨기기가 어려워 온 읍내가 다시 한바탕 괜히 놀랐다. 우스운 일이었다. 저녁에 암적천(巖赤川)에 도달하였는데 물이 어깨가 잠기는 깊이여서 남의 어깨에 올라앉아 간신히 건넜다. 그대로 암적의 여관에서 묵었다. 이날 70리를 갔다.

二十四日

承見京書, 付答於撥便. 早發, 夜雨甚暴, 溪澗盡漲, 艱關作行. 中火順安縣, 卽日前露蹤處也. 伊時不敢仰視, 雖皆不卞余面, 而從人則難於藏蹤, 一邑又一場虛驚矣, 可笑. 夕抵巖赤川, 水深沒肩, 坐人肩上, 艱辛齊渡. 仍宿巖赤店. 是日行七十里.

5월 25일

숙천에서 점심을 먹고 안주에 급히 들어갔다. 신임 병마절도사가 내일 부임한다 하여 읍내가 매우 떠들썩하였다. 남들이 알아볼까 두려워 움츠려 있을 뿐 감히 나갈 수가 없었다. 이날 110리를 갔다.

二十五日

中火肅川. 馳入安州. 新兵使到任, 在於明日, 故邑中甚喧鬧. 畏人知覺, 縮伏不敢出. 是日行百十里.

5월 26일

늦게 출발하여 강을 따라 가다 동쪽으로 돌아 개천으로 급하게 달려 들어갔다. 본관 수령은 안주 병영의 임시 우후[가우후]로서 신임 병사를 맞아들이기 위해 지금 안주에 있다. 객사 문 앞으로 바로 들어가 관문 앞에서 출도하였다. 이곳은 시장터였는데 마침 장날을 맞이한 시장의 모든 사람들이 크게 놀라 쥐가 몸을 피하듯이 사라졌으므로 길거리가 텅 비어 사람이 없었다. 의장을 갖춘 후 동헌에 들어가 앉아 죄수의 심문과 처리를 대략 행하고 머물러 잤다. 이날 60리를 갔다.

二十六日

晩發, 循江而東, 疾馳入价川. 主倅以安州假虞侯, 爲迎候新兵使, 方在安州矣. 直入客館門前, 出道館門外, 卽場市也. 適値市日, 一市人, 皆大驚鼠竄, 街路虛無人矣. 備威儀, 入處衙軒, 略行推治, 留宿. 是日行六十里.

❋

특별한 일 없이 평양에서 안주, 숙천을 거쳐 개천까지 먼 거리를 이동한 것은 행적을 감추려는 노력에서였다고 판단된다. 특히 안주에서 개천으로 바로 들어가는 길이 있으나 청천강을 따라 북상하다가 동쪽으로 길을 바꿔 들어간 것 역시 행적을 감추기 위해서였던 것으로 보인다.

5월 27일
종일토록 비가 그치지 않았다. 읍의 업무를 조사하였다.

　二十七日
　終日雨不止. 略行查閱.

5월 28일
업무 조사를 계속했다.

　二十八日
　查閱不止.

5월 29일

일찍 일어났다. 각 창고들을 닫아 봉하고 나서 신분을 드러낸 채 덕천으로 향하였다. 직동에 이르러 참봉 현심목을 찾아 보고 알일령을 넘었다. 평지원(平地院)에서 점심을 먹고 덕천군에 들어갔다. 본관 수령은 서울에 올라가 돌아오지 않았다. 이날 90리를 갔다.

二十九日

早起. 封閉各庫, 仍卽明行, 向德川郡. 到直洞, 訪玄參奉心穆, 踰㥁日嶺. 中火平地院, 入德川郡. 主倅上京未還. 是日行九十里.

6월 1일

아침에 일어나 업무를 조사하였다. 식사 후에 공개적으로 영원군을 향해 갔다. 신창에서 말에게 먹이를 주고 고성 자리에 도달하였다. 해가 진 후 영원군에 들어가 갔다. 이날 60리를 갔다.

六月

初一日

早起査閱. 飯後明行, 向寧遠郡, 秣馬新倉, 到古城所. 日暮後, 入宿寧遠郡. 是日行六十里.

6월 2일

업무를 조사하였다.

初二日

查閱.

6월 3일

신분을 밝힌 채 행차하여 맹산 북창에서 점심을 먹고 저녁에 현에 들어갔다. 이 읍과 덕천은 별로 조사할 만한 일이 없고 큰 산을 넘고 깊은 물을 건널 방도가 없어 부득이 모두 공개적으로 다닌 것이다. 전번에 만난 기생들이 모두 빙 둘러서서 일을 하고 있기에 어떻게 하나 보려고 접때 수작하던 일을 물으니 모두 모르겠다고 대답하였다. 아마 어려워서 감히 우러러 대답을 못하는 듯하다. 이날 70리를 갔다.

初三日

明行, 中火孟山北倉, 夕入縣. 此邑與德川, 別無可查之事, 而太行瞿塘, 無計跋涉, 不得已幷皆明行焉. 前日相逢之妓, 幷皆環立供役, 故試問向日酬酢之事, 則皆以不知答之. 蓋緣嚴不敢仰對故也. 是日行七十里.

4월 14일 박내겸은 맹산 향청에 들어가 쌍륙을 놀던 기생들을 위해 말을 놓아주고 그중 한 명으로부터는 적극적인 유인을 받았었다. 그 기생들을 다시 만난 것이다.

6월 4일

식사 후 급하게 출발할 것을 명령하였다. 행차가 오리정(五里亭)에 도착하였을 때 앞뒤에서 수행하는 자들을 모두 떨어뜨리고 빨리 달렸다. 순천 북창에서 점심을 먹고 저녁에 가창에서 잤다. 이날 70리를 갔다.

初四日

飯後猝令出馬. 行到五里亭, 卽令前後陪, 幷皆落後, 疾馳. 中火順川北倉, 夕宿椵倉. 是日行七十里.

6월 5일

아침에 비가 왔으나 그것을 무릅쓰고 출발하여 신창에서 점심을 먹고 저녁에 강을 건넜다. 배에서 내려 말을 풀밭에 풀어놓고, 버드나무 그늘에 앉아 쉬면서 수행원을 기다렸다. 갑자기 어떤 사람이 말을 타고 오더니 나루터에 서서 배를 부르고는 내 옆에 앉아 담배를 피우며 배를 기다렸다. 더불어 말을 붙이다가 어디에 가느냐고 물었더니, 영원과 맹산에 암행어사가 출도하였다는 소식을 듣고 청원서를 올릴 일이 있어 지금 달려간다는 대답이었다. 내가 말했다. "내가 지금 맹산에서 오는 길인데, 어사는 어제 아침에 이미 자취를 감추었습니다." 길손이 놀라 물었다. "어사가 과연 어디로 간답니까?" 내가 말했다. "어사가 가는 곳을 어떻게 헤아릴 수 있겠습니까?" 그는 멍한 채 한참을 있더니, "벌써 자취를 감추었다고 해도 이 근처에 있을 것이니 마땅히 자취를 밟아 따라가겠습니다"라고 말했다. 내가 "오가는 사람이 많은데 어떻게 어사 행차를 알아내어 뒤쫓는단 말입니까?"라고 말하니 그는 "어사의 용모를 잘 들어두었는데 키가 크고 모습이 단정하며 구레나룻이 적고 콧마루가 높다고 합니다. 몸에는 해진 평복을 입고 검은 말을 탔으며 또 반드시 한두 사람이 말을 타고 따라 다닌다고 합니다." 조금 있다가 배가 와 닿고 거기서 내 수행원이 내리니 그 길손이 말했다. "저기 오는 사람이 틀림없이 어사일 것 같습니다." 나 또한 "과연 좀 수상하군요"라고 말하였다. 수행원은 내가 그 사람과 이야기를 주고받는 것을 보고 짐짓 모르는 척하고 지나가더니 술집 아낙을 불러 술을 사서 마시는데 관서 방언을 섞어 말했다. 길손은 "아닌데요, 말하는 소리가 서울 사람 같지 않습니다"라고 말하고서 강을 건너가려고 하였다. 내가 말려도 소용이 없었다. 얼굴을 마주 대하고도 알아보지 못하면서 따로 사람을 찾아나서는 것에 또 웃음이 나왔다.

저녁에 순천 읍내의 여관에 묵었는데 여관 주인이 관리들에게 달려가 알렸다. 아전들이 와서 밤새도록 엿보는 것이, 며칠 전에 용강에서 묵을 때와 꽤나 비슷했다. 이날 90리를 갔다.

初五日

朝雨, 冒雨發行. 中火新倉, 夕渡江. 下船後, 放馬於草場, 憩坐柳陰下, 方俟從人. 俄有一人乘馬而來, 立津頭呼船, 仍坐余傍, 吸草待船. 與之接語, 問其何向, 則答云, 聞繡衣出道於寧遠·孟山之間, 有呈狀事, 方疾馳而去矣. 余曰, 吾方自孟山來, 而昨朝繡行, 已爲藏蹤矣. 客驚問曰, 繡衣果向何處云耶. 余曰, 繡衣去處, 何以測度耶. 客茫然良久曰, 雖已藏蹤, 而只在此近處, 當追踪隨去矣. 余曰, 許多去來人, 何以認得繡行, 而追隨耶. 客曰, 繡衣容貌, 余聞之宿矣. 身長而貌端, 鬚小而準高, 身着檗布衣乘烏馬, 而又必有一二人乘馬隨行云矣. 俄而船泊, 而從人來. 客曰, 彼來者, 莫不是繡行耶. 余亦曰, 果頗殊常也. 從人見余之與人酬酢, 佯若不知而過去, 呼酒媼, 沽酒而飲, 雜用關西方言. 客曰, 非也, 語音不似京華人也. 仍欲越江而去, 余挽之而不得. 當面不識, 欲求別人之狀, 還可笑也. 夕宿順川邑店, 店人走通於官吏, 官吏輩又達夜來覘, 頗似向日宿龍崗時也. 是日行九十里.

❈

원정을 올리기 위해 어사를 찾아 나선 평안도 순천 사람의 지각이 상식적인 수준에 있었던 것으로 간주한다면, 이날 벌어진 일에서 당시 지방말과 서울말 사용의 한 면모를 유추해볼 수 있다. 어사는 서울말을 썼을 것이다. 문과 급제자 명단에서 확인되듯이 박내겸의 출신지역은 서울이었고, 일기 앞 부분에서 스스로 밝힌 바와 같이 개성 이북으로는 처음 가보는 그가 평안도 사투리를 표시 나지 않게 구사했다고 보기는 어렵다. 그렇다면 비록 허름하지만 지배층의 모습을 갖추고 다니는 박내겸이 서울말을 쓰는데도 평안도 사람의 특별한 관심을 끌지 않았다는 사실에 주목할 필요가 있다. 박내겸의 상대방은 '서울말을 쓰는 암행어사'를 애타게 찾고 있는 순천 사람으로서 그와 상당히 많은 이야기를 나누었는데도 그랬다. 그것은 순천에서만 그런 것은 아니었던 것으로 보인다. 신분을 감추는 데 신경을 곤두세운 박내겸이지만 이 일기에서는 자신의 서울말 때문에 어려움을 겪은 사정은 확인할 수 없다. 평안도의 궁벽진 시골에서도 서울말 사용은 그리 특별한 일이 아니었음을 알 수 있다. 나아가 지배층에 속하는 사람은 그 지방 사람이라도 서울말을 쓰는 것이 이상하게 여겨지지 않는 상황이 아니었을까 하고 짐작해볼 수 있다. 『혼불』의 작가인 최명희는 국립국어연구원의 강연에서 남원 지역에서도 양반 마을 사람들은 사투리가 아닌 '표준말'을 썼다고 하였다.[2]

6월 6일

빈수원에서 점심을 먹었다. 안주로 들어갈 때는 성 북쪽의 작은 길을

---

2   최명희, 「『혼불』과 국어 사전」, 《새국어 생활》, 제8권 4호, 국립국어연구원, 1998.

『관서명구첩(關西名區帖)』 중 「안주 백상루」 개인소장.
박내겸이 안주에서 출도한 곳이다.

따라 빙 돌아 칠불암에서 잠시 쉬고 북문으로 들어갔다. 곧바로 백상루
에 올라가 높은 소리로 한 번 외치니 성안이 온통 끓는 솥 같았다. 어두
워질 무렵 동헌에 들어가 앉았는데 신임 병사 유상량(柳相亮)은 실제 병
이 있어 와 보지 않았다. 이날 90리를 갔다.

初六日

中火頻水院. 將入安州, 透迤從城北小路, 暫憩七佛菴, 從北門入. 直上百祥
樓, 一聲高唱, 滿城鼎沸. 向昏, 入處衙軒, 新兵使柳相亮, 有實病, 不爲來見.
是日行九十里.

6월 7일

업무를 조사했다.

初七日

查閱.

6월 8일

업무를 조사했다.

初八日

查閱.

6월 9일

업무를 조사했다.

初九日

查閱.

안주 → 영유 → 강서 → 증산 → 평양 → 강동 → 성천 → 자산 → 숙천 → 순안 → 평양

순조 22년 6월 10일~7월 13일

다시 한 바퀴 돌아
평양에서 출도하다

6월 10일

일찍 일어나 별안간 말을 타고 출발하였다. 성문을 나서자마자 모두 뒤에 떨어뜨리고 신천원(新川院)에 도달하여 점심을 먹었다. 지나는 길에 길을 정비하는 사람들이 이어지면서 말하는데, 오래지 않아 어사 행차가 여기로 돌아갈 것이므로 미리 길을 치운다는 것이었다. 목에 칼을 쓴 사람을 여러 번 만났는데, 이들은 어사의 지시 공문으로 인해 안주에서 이감되어 가는 사람들이라는 것이었다. 밤에는 영유현에서 묵었는데, 온 읍내가 헛되이 놀라는 소동이 그치지 않았다. 이날 90리를 갔다.

初十日

　早起, 忽地出馬. 纔出城門, 又皆令落後, 到新川院中火. 沿路有治道者相續
云, 是繡行不久將由此還去, 故預爲治道云. 屢逢着枷人云, 是因繡關, 自安州
移囚之人也. 夜宿永柔縣. 邑中又虛驚不已矣. 是日行九十里.

6월 11일

이즈음 뜨거운 열기가 가장 견디기 어렵다. 새벽에 일어나 출발하
여 은산 여관에서 점심을 먹고 어두워질 무렵에 강서현 관아 문 앞으
로 달려 들어갔다. 또 큰 소리로 한 번 외치고 나서 동헌에 들어가 앉
았다. 본관 수령은 휴가를 얻어 서울로 올라가고 없었다. 이날 110리를
갔다.

十一日

　近日炎熱最難堪, 曉起作行, 中火殷山店. 向昏馳入江西縣衙門前, 又高唱一
聲, 入處衙軒. 主倅已受由上京矣. 是日行百十里.

❋

안주에서 강서로 와 출도하였다. 안주와 강서는 박내겸이 어사로 도
는 평안남도의 서쪽 지역에서 거의 끝에서 끝이다. 출도의 기밀을 지키
기 위해 이처럼 먼 거리를 이동한 것으로 보인다.

6월 12일

업무를 조사했다. 지난 7일에 서울에서 부친 편지를 파발 편에 받아
보았다.

十二日

査閱. 因撥便, 承初七日出京書.

6월 13일

업무를 조사했다.

十三日

査閱.

6월 14일

신시(申時) 후에 공개적으로 행차하여 증산현에 들어갔다. 이날 40리
를 갔다.

十四日

申後明行, 入甑山縣. 是日行四十里.

6월 15일

업무를 조사했다.

十五日

査閱.

6월 16일

일찍 일어나 말을 타고 출발했다. 현 앞의 버드나무 둑에 도달했을 때 다시 종적을 감추고 빨리 달리기 시작했다. 단구(丹邱) 여관에서 점심을 먹고 저녁에 평양성 안에서 묵었다. 역시 밤새도록 소란스러웠다. 달빛을 타고 만수대에 가서 홍성구(洪聖九)를 만난 후에 다음 닭이 운 후에 여관에 돌아와 잤다. 이날 90리를 갔다.

十六日

早起出馬. 行到縣前柳堤, 又卽潛行疾馳. 中火丹邱店, 夕宿平壤城中, 又終夜洶洶矣. 乘月訪洪聖九於萬壽臺, 鷄鳴後還宿旅店. 是日行九十里.

6월 17일

늦게 출발하여 장경문으로 나왔다. 지경 여관에서 점심을 먹었다. 더위와 열기를 견뎌낼 수 없어 열파정에 올라 오래 쉬면서 몸을 식혔다.

어둠을 타고 곧바로 강동을 향해 빨리 달렸다. 백마문(白馬門)에 올라 출도한 후 동헌에 들어가 자리 잡았다. 이날 90리를 갔다.

十七日

晚發, 出長慶門. 中火地境店. 暑熱不可堪, 登閱波亭, 久憩納涼. 乘昏疾馳, 直向江東, 登白馬門出道, 入處衙軒. 是日行九十里.

6월 18일

업무를 조사했다.

十八日

査閱.

6월 19일

아침에 비가 왔다. 오후에 업무 조사가 끝났으므로 공개 행차를 하며 성천으로 향했다. 밤에 유선관에 들어가 묵었다. 본관 수령은 서희순(徐熹淳)이 새로 부임했다. 기생들과 도장 관리를 맡은 자들이 서로들 가만가만 하는 말이, "어사또의 용모가 접때 구걸하러 관아에 들어왔던 길손과 흡사하다"라고 하여 웃음이 나왔다. 이날 50리를 갔다.

十九日

朝雨. 午後査閱旣畢. 明行向成川, 夜入處留仙舘. 主倅徐熹淳新到矣. 妓女持印輩, 窃窃相語曰, 使道容貌, 洽似向時求乞入衙之客也, 可笑. 是日行五十里.

6월 20일

비가 왔다. 업무를 조사했다. 막내 작은 할아버지가 일찍이 이 읍에 수령으로 있었으므로 그때 우두머리 아전의 아들과 손자들을 불러 보았다. 부용이라 하는 기생을 다시 불러들여 시를 논하고 그림을 평하며 노래 부르고 읊조리다 보니 자못 쓸쓸하지 않았다. 부용이 말하였다. "정자는 신선들 사는 데 있어야 이름을 얻지 죄인들 형구가 뜰에 가득 차고 짚신 신은 이들이 높은 자리까지 올라온다면 품격을 잃을 듯합니다." 과연 이치에 맞는 말이었다. 파발 편에 서울에서 15일에 부친 편지를 받았다.

二十日

雨. 査閱. 季從祖曾莅玆邑, 故招見其時由吏之子若孫. 又招所謂芙蓉者, 論詩評畫, 一歌一詠, 頗不寥寂矣. 其言曰, 樓以仙區得名, 而桁楊滿庭, 草屨登榻, 恐爲失格也云. 果是格語也. 因撥便, 承望日出京書.

박내겸의 작은 할아버지 박천형(朴天衡)은 제주어사로 다녀온 후인 정조 6년(1782) 음력 1월 29일 성천 부사로 임명되었다가 이듬해 6월 9일 동부승지로 옮겨갔다. 춘향전에서 이도령의 아버지가 남원 부사로 있다가 동부승지로 승진하여 상경했듯이, 박천형도 성천 부사로 있다가 동부승지에 낙점을 받은 것이다. 성천이나 남원과 같은 대도호부의 부사와 동부승지는 같은 정3품 관직이지만, 동부승지는 당하관(堂下官)인 부사보다 한 등급이 높아 당상관(堂上官)에 속했다. 그 자리는 조선 후기 엘리트 관원이 당상관으로 승진하는 전형적인 경로에 있었다.

명기로 이름난 기생 부용의 언사에서는 자기 고을 사람들을 보호하려는 재치가 읽힌다.

6월 21일

업무를 조사하는 틈에 본관 수령이 그림배를 갖추어 놀아보자고 하기에 함께 배를 타고 절벽 아래에 가서 마음껏 즐기다가 돌아왔다. 부용이 부른 운에 맞추어 각기 율시를 하나씩 지었다.

二十一日

查閱之暇, 主倅具彩舫請遊, 遂與之同舟, 抵絶壁下, 盡歡而歸. 次芙蓉韵, 各成一律.

6월 22일

업무를 조사했다.

二十二日

査閱.

6월 23일

식사 후에 곧 일어나 작은 문으로 나와 그림배에 올랐는데, 바빠 정신이 없는 가운데 전후의 위엄 있는 거동을 갖출 수가 없어 곧 물러나라고 명령하였다. 수행원과 몇몇 기생들만 데리고 강을 거슬러 올라갔다. 북산(北山) 아래에 닿아 배에서 내려 관단마(款段馬)를 타고 갔다. 강 건너에서 바라보는 자들을 멀리서 바라보니 두려운 생각이 들었다. 낮에 온정원(溫井院)에 도착하였는데 더위가 심하여 머물러 잤다. 이날 40리를 갔다.

二十三日

飯後便起, 由挾門出, 登彩舫, 前後威儀, 蒼黃未及備, 便令退去, 獨與從人及數妓, 溯流, 抵北山下, 下舟, 乘款段而去. 隔江觀者望之, 有恟然意. 午抵溫井院, 暑甚, 留宿. 是日行四十里.

『혜원전신첩』 중 「주유청강」, 신윤복, 간송미술관 소장.
양반 지배층과 기생의 뱃놀이 광경을 짐작할 수 있다.

근대 이후의 지명으로 성천군 영천면(靈泉面) 용택리(龍澤里)는 성천에
서 자산으로 통하는 길 위에 있는데, 이곳에 용택온천(성천온천)이 있었
다. 『동여도』에는 '온천(溫泉)'이라 기재된 지명이 나오는데 박내겸이 정
오 무렵 도착한 온정원이 바로 그곳이었을 것이다.

6월 24일

비가 조금 왔다. 자산강(慈山江)을 건너 식송의 여관에서 점심을 먹었다. 해가 질 때 급히 달려 숙천으로 들어갔다. 닫힌 문루에서 출도를 외친 후 동헌에 들어가 앉았다. 신임 수령은 이관식(李觀植)이었다.

청북 암행어사가 강계에 도달하여 사망하였다는 소식을 들었는데 참담하기가 말할 수 없었다. 이 소식을 들은 후로 온 도내에 이상한 소문이 일어나서 청남 암행어사가 마땅히 방향을 바꾸어 청천강 이북으로 들어가야 한다고 하였고, 나 또한 마음이 움직이지 않을 수 없었다. 이 날 120리를 갔다.

二十四日

小雨. 渡慈山江, 中火植松店. 日暮疾馳入肅川, 出道於閉門樓, 仍入處於衙軒. 新倅李觀植也. 聞淸北繡衣, 到江界不淑之報, 慘不忍言. 自聞此報, 一道興訛, 皆言淸南繡衣, 當轉入淸北云. 余亦不能不動心也. 是日行百二十里.

❀

이때 평안북도에 파견된 인물은 이 일기의 첫날에 박내겸과 함께 암행어사 임명을 받았다고 기록된 임준상이었다. 6월 26일 정부에 올라온 평안도 관찰사 김이교의 장계에 의하면 청북 암행어사 임준상은 강계에 도착하여 갑자기 구토를 하더니 사망하였다고 한다. 이 날짜 일기의 '와(訛)'는 보통 잘못된 말을 뜻하지만, 암행어사가 그것을 따라야 할

지 고민을 한 것을 보면 '이상한 소문'으로 보는 것이 옳을 듯하다. 그렇다면 소문의 내용이나 청남 암행어사가 평안북도로 올라가 해결해야 한다고들 말하던 일의 내용은 무엇일까? 강계는 산삼의 대표적인 산지로서, 이때는 채취량이 줄어들었다 하지만 그래도 엄청난 재물이 왔다 갔다 하는 곳이었다. 실록에 의하면 국왕은 임준상이 고생을 무릅쓰고 어명을 수행하다 죽었다 하여 심히 애통해하면서, 그에게 동부승지를 증직하고 각별히 운구하여 장사지낼 것이며, 혹시 아들이 있다면 나이가 차기를 기다려 등용하라고 명령하였다. 어찌 된 일이었을까? 혹시 부정을 저지르던 강계민들에 의해 충직한 어사가 살해당했을 가능성은 없을까? 혹시 그 원인 중에 어사의 수탈이 있었던 것은 아닐까? 말 그대로 헛소문이 돌았을 가능성도 있다. 심상치 않은 소문이 도는 데도 철저한 진상조사는 뒤따르지 않았다. 조정의 인식과 민생 현장 사이에 엄청난 괴리가 빚어지고 있었던 것이 19세기 세도정치의 특징이었음을 상기할 때, 소문 뒤에는 심각한 일탈이나 불법 행위가 있었을 가능성도 상상해 볼 수 있다.[1]

---

1 필자는 『서수일기』를 분석한 논문을 처음 발표할 때 청북 암행어사의 불법이 있었던 것으로 생각하였다. 위에서 서술한 대로 그럴 가능성이 없는 것은 아니지만 원문의 '불숙(不淑)'은 사전의 첫 번째 해석인 '불량한 일'보다 단순히 죽음을 가리키는 것으로 보는 것이 옳을 듯하다.

6월 25일

업무를 조사했다.

二十五日

查閱.

6월 26일

업무를 조사했다. 정선지(鄭善之) 대감이 영변 부사로 있다가 새로 승지를 임명받아 불려들어가는 길에 밤을 타서 만나러 왔다. 조용히 이야기하다 작별하였다.

二十六日

查閱. 鄭台善之以寧邊倅, 新除承旨, 承召入府, 乘夜來見. 穩話而別.

※

정선지 대감은 정원용(鄭元容)을 가르킨다. 정원용은 안동김씨 가문과의 협조 위에서 헌종대에 영의정까지 오르는 인물이다. 정원용을 승지에 앉히는 인사명령이 난 것은 5월 25일이었다. 그가 인사명령을 전달받고 영변을 떠나는 데 한 달의 시간이 걸렸음을 알 수 있다.

6월 27일

이른 아침에 출발하였다. 관문을 나서자 마자 격식을 차린 행차를 뒤에 떨어지게 하고 지름길로 갔다. 순안현에서 점심을 먹고 더위가 심하여 연정(蓮亭)에 가서 쉬었다. 읍내의 여러 사람들이 감히 다가오는 자가 없었다. 신임 수령은 이조식(李祖植)이다. 해가 질 때 평양으로 들어가 다시 유희필(劉希弼)의 집에 묵었다. 이날 110리를 갔다.

二十七日

早朝發行. 纔出官門, 便令威儀落後, 由徑路作行. 中火順安縣, 暑甚往憩於蓮亭. 邑中諸人, 無敢來者. 新倅李祖植也. 日暮入箕城, 復留柳君家, 是日行百十里.

6월 28일

비가 조금 왔다. 더위가 심하여 감히 나가지 못하고 가만히 들어앉아 문서와 장부들을 수정했다.

二十八日

小雨. 暑甚不敢出, 蟄坐, 修正文簿.

6월 29일

그대로 머물렀다.

二十九日

又留.

6월 30일

황혼에 곧바로 대동문 누각에 올라가는데 누각 문이 닫혀 있어 역졸
이 돌을 들어 올려 문을 부쉈다. 큰 소리로 한 번 외치니 온 성내가 온

평양 대동문, 요시다 히로시[吉田博], 1937년 작, 미국 스미소니언박물관 소장.
박내겸 일행은 거칠 것 없이 자물쇠를 부수고 이곳에 올라가 암행어사 출도를 외쳤다.

통 끓는 솥처럼 되어 사람과 말들이 놀라 피하는 것이 산이 무너지고 바닷물이 밀려드는 듯하였다. 평안도로 나온 이래로 으뜸가는 장관이었다. 객관에 들어가 앉았다. 본관 수령은 한백연(韓百衍), 전임 중군은 이정곤(李貞坤) 대동역 찰방은 유영보(柳榮輔)이다.

三十日

黃昏, 直上大同門樓, 樓門閉, 驛卒桀石破門. 高唱一聲, 滿城鼎沸, 人馬辟易, 如山崩潮湧, 西來後第一壯觀也. 入處客舘. 本官韓百衍, 舊中軍李貞坤, 大同察訪柳榮輔也.

✻

한백연의 관직은 평양 서윤(庶尹)이다. 직제상 평양에는 종4품인 서윤 위에 종2품의 부윤(府尹)이 있으나 평양 부윤은 평안도관찰사가 겸임하도록 되어 있었고 평양의 수령은 공식적으로 서윤이었다.

7월 1일

업무를 조사했다. 이날은 내가 태어난 날인데 아무도 아는 자가 없었다. 객관이 오래 쓰지 않던 곳인데다 더럽고 찌는 듯이 더워서 저녁에 연광정으로 처소를 옮겼다.

七月

初一日

査閱. 是日即余生朝, 而無人知者. 客舘久廢之餘, 兼以汚陷蒸熱, 夕移處鍊
光亭.

7월 2일

비가 왔다. 저녁에 관찰사를 찾아뵙고 밤이 깊은 후에 돌아와 잤다.
서울로 편지를 부쳤다.

初二日

雨. 夕入訪巡使, 夜深後還宿. 付京書.

7월 3일

비가 왔다. 천둥 번개가 심하게 치더니 객관 앞 쾌재정(快哉亭)의 기
둥을 부숴버렸다. 전번에 거처를 옮기지 않고 객관에 그대로 있었더라
면 깜짝 놀랄 뻔하였다. 감사가 찾아와 봤다.

初三日

雨甚. 震雷破碎客舘前快哉亭柱. 向若仍處客舘, 即當喫一驚也. 巡使來見.

7월 4일

비가 왔다. 영변 신임 부사 박태수(朴台壽)가 방문하였다. 듣자니 서울에 다시 괴질이 크게 번져 재상 중에서도 여럿이 죽었다고 한다. 그러니 오래도록 객지를 다니는 사람의 걱정이야 무슨 말을 하겠는가.

初四日

雨. 寧邊新倅朴令台壽歷訪. 聞京中怪疾又熾, 宰相亦多喪, 故久客之人憂慮, 何言.

❁

그 전 해인 순조 21년 평양 내외에 유행한다고 보고된 괴질은 곧 서울에서도 번지게 되었고, 이 해 4월 이후 다시 심해졌다. 굶주린 유랑민들이 먼저 희생되었고 황해도에서는 10,000여 명의 사망자가 보고되었다. 함경도에서는 8월에 10,500여 명의 사망자를 보고하였다. 이때의 괴질은 콜레라였다. 인도의 풍토병에서 출발하여 한쪽은 아라비아와 동아프리카로 퍼져갔고, 다른 쪽으로는 미얀마, 타이를 거쳐 중국에 들어갔으며 조선과 일본에서 창궐하였다. 1822년의 콜레라는 그 전 해에 들어온 세균이 잠복해 있다가 다시 유행한 것이다.[2]

---

2 김신회, 「1821년 콜레라 창궐과 조선 정부 및 민간의 대응 양상」, 《한국사론》 59, 서울대 국사학과, 2014, 424~425쪽.

박태수는 5월 29일에 영변부사로 임명되었다. 인사명령을 받아 임지인 영변 근처에 도달하는 데 역시 한 달 남짓 걸렸다.

7월 5일

강물이 크게 불어 배들이 문루 바로 아래 정박하였다. 베개 밑에서 나는 파도소리가 꼭 밤중에 삼협을 지나는 것 같았다.

初五日

江水大漲, 舟楫直泊於門樓下. 枕下波聲, 依然若過三峽也.

7월 6일

비가 왔다. 밤에 관찰사를 들어가 뵈었다.

初六日

雨. 夜入見巡相.

7월 7일

관찰사가 찾아와 만났다.

初七日

巡使來見.

7월 8일

황명조(黃命祖)는 관서에서 으뜸가는 집안 출신인 데다 토호와 부자들을 끼고 변장(邊將)을 지냈다. 어사의 탐문 내용에 자신의 일이 들어갔다고 혼자 의심하고, 또 사촌 형 황겸조(黃謙祖) 때문에 거기에 끼어들어가게 되었다고 의심하여 밤중에 겸조를 찔러 죽이고 자기도 배를 찔러 죽었다고 한다. 세상일에는 참으로 없는 일이 없다.

初八日

聞黃命祖以關西甲族, 且挾豪富, 經邊將, 而自疑於繡廉, 且疑其從兄謙祖之擠入繡廉中, 夜半刺殺謙祖, 仍又自刺其腹而死. 天下事, 眞無所不有也.

❋

박내겸은 황명조와 황겸조의 죽음을 보며 세상에는 정말 온갖 일들이 일어난다고 놀라고 있다.

황명조는 순조 15년(1815)에 고풍산(古豊山) 만호에 임명되었지만 질병으로 인해 부임하지 못하고 교체된 된 바 있다.

7월 9일

관찰사가 이름이 만홍(晩紅)이라는 관아의 기생을 보내주었는데 용모도 꽤 예쁘고 대나무를 잘 그렸다. 사랑할 만하여 결국 함께 잤다. 서울에 편지를 부쳤다.

初九日

巡使送廳妓名晩紅者, 頗有姿色, 善畫竹, 可愛也. 遂與之伴宿. 付京書.

7월 10일

인현서원(仁賢書院)과 충무사(忠武祠)에 가서 참배했다. 점심에 한사정(閑似亭)에서 점심을 먹고 정전(井田)과 기자궁과 기정(箕井)을 돌아본 후 저녁에 돌아왔다.

初十日

往拜仁賢書院及忠武祠. 午飯閑似亭, 巡審井田及箕宮箕井, 夕還.

인현서원은 17세기에 조정의 사표가 되는 산림(山林)으로 선발되었으며 평안도의 으뜸가는 선비라고 칭해지던 선우협(鮮于浹)을 모신 서원이다. 충무사는 을지문덕을 모신 사당이다. 평양의 정전이란 기자가 이상

「평양도」의 정전 부분. 서울대학교 박물관 소장.
기자가 정전제를 시행한 곳이라고 설명되는 사각형 유적은 고구려 시대 도시 구획의 자취라고 추정된다.

적인 토지제도인 정전제를 시행할 때 만들어진 밭으로서, 그 자취가 조선후기까지도 평양에 남아있다고 하는 것이다. 실제로 조선시대 평양 지도들을 보면 빠짐없이 서쪽 내성 밖으로 반듯반듯하게 구획된 모양을 담고 있다. 밭의 흔적이 그때까지 남아있다는 것은 당시 사람들로서도 믿기 힘든 일이었는데, 기자를 숭배하는 사림파의 이념이 강해짐에 따라 그것이 기자 정전의 자취라는 사실은 16세기 이후로 굳어진 믿음이었다. 평양에 남아있던 구획의 흔적은 고구려 때의 시가지 자취라는 설명이 있다.[3]

---

3 오수창, 「조선후기 平壤과 그에 대한 認識의 변화」, 『조선의 정치와 사회』, 집문당, 2002.

『관서명승도첩』 중 「평양내성」의 관찰사 관저 후원, 서울역사박물관 소장.
중앙 아랫부분의 정자가 7월 12일 박내겸이 관찰사를 만난 다경루이다.

7월 11일

감사와 함께 배를 타고 부벽루로 거슬러 올라가 하루 종일 유쾌하게
놀았다. 밤에 배로 내려오는데 구름에 가려 달을 즐길 수 없는 것이 아
쉬웠다. 서울에서 부친 편지를 받았다.

十一日

與巡使, 舟上浮碧樓, 盡日遨遊. 夜又舟下, 而惜雲陰不得玩月. 承京書.

7월 12일

밤에 감사를 찾아가 뵈었다. 다경루(多景樓)에 올라가 닭 우는 소리를 들은 후에 돌아왔다.

十二日

夜入見巡使, 登多景樓, 聽鷄而歸.

7월 13일

감사와 밤에 달놀이를 하기로 약속했는데 비가 와서 이루지 못하였다.

十三日

約巡相乘夜玩月, 而雨未果.

평양 → 중화 → 황주 → 봉산 → 서흥 → 평산 → 금천 → 개성 → 장단 → 파주 → 양주 → 서울

순조 22년 7월 14일~7월 28일

130일 되는 날에
복명하다

7월 14일

공개 행차를 하여 중화에서 묵었다. 이날 50리를 갔다.

十四日

明行, 宿中和. 是日行五十里.

7월 15일

업무를 조사했다.

十五日

查閱.

7월 16일

비가 왔다. 업무를 조사했다. 서울에서 온 편지를 보고 또 서울로 편지를 부쳤다. 밤에 기생 부용이 길을 더듬어 찾아와 홀연히 만나러 들어왔다. 달을 바라보며 「적벽부」를 낭송하니 이 또한 신기한 일이었다.

十六日

雨. 查閱. 見京書, 付京書. 夜蓉妓歷路, 忽地入見, 對月朗誦赤壁賦, 亦一奇事也.

❁

부용은 여러 차례 박내겸을 접대한 성천의 기생이다. 마음이 맞는 임을 따라 먼길을 마다 않는 평안도 기생의 열정을 그려볼 수 있지만 다른 가능성도 있다. 부용은 박내겸이 앞에 기록했듯이 이미 서울에 드나들면서 이름을 날렸다. 기생으로서는 이미 한창때가 지났기 때문에 고위 관원 박내겸에게 앞날을 의탁하려고 했던 것이 아닐까? 반면에 박내겸은 그녀와 더불어 시와 그림, 노래를 즐기면서도 일정한 거리를 두었던 것으로 보인다. 다른 관기와의 동침 사실을 거듭 기록으로 남긴 박

내겸이지만 부용과 같이 잤다는 말은 없고, 그 이후의 인연에 대해서도
언급이 없다.

7월 17일
업무를 조사했다.

十七日

査閱.

7월 18일
오후에 남몰래 길을 가서 황주에서 묵었다. 병사는 정내승(鄭來升)이
고, 본관 수령 김원근(金元根)은 서울에 갔다가 이날 밤이 깊었을 때 비
로소 돌아왔다. 달밤에 월파루(月波樓)에 올라 절벽을 굽어보니 큰 강
앞이 앞을 채웠는데 큰 숲이 멀리 에워쌌다. 누대와 성첩, 관청 건물,
마을이 참으로 일대 도회인데 평안도와 황해도 사이에 자리 잡아 반드
시 서로 차지하려 싸우는 곳인 동시에 지킬 만한 땅이었다. 이날 50리
를 갔다.

十八日

午後暗行, 宿黃州. 兵使鄭來升. 主倅金元根, 上京, 是日夜深後始歸矣. 月

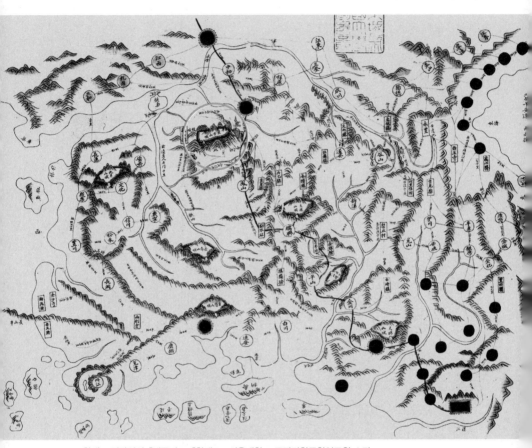

황해도 정방산성, 『해동지도』 「황해도」, 서울대학교 규장각한국학연구원 소장.
병자호란 때 최고사령관 김자점이 진을 쳤던 곳이다.

夜上月波樓, 俯臨絶壁, 大川前撗, 長林遠圍. 樓臺城堞·廨宇閭里, 誠一大都會, 而處於關海之間, 果爲必爭之處, 而可守之地也. 是日行五十里.

❁

황주에는 황해도의 병영이 자리잡고 있었다. 비록 패배하였으나 병자호란 때 국왕 밑의 최고위 군사지휘자였던 도원수 김자점(金自點)이 적을 맞아 싸운 곳도 이곳에 있는 정방산성이었다.

7월 19일

일찍 출발하여 동선령(洞仙嶺)을 넘었다. 두 산이 겹치는 곳에 수비 관문을 하나 설치하였는데 수목이 하늘 높이 늘어서 있어서 낮에 지나가기도 두려울 정도였다. 고개 위에 잡신을 모시는 사당이 하나 있고 사당 아래에는 한 노인이 술을 팔고 있었다. 신을 털고 앉아 말을 붙이다가 오고간 수령들 일을 물어보게 되었다. 노인이 말하기를, 전임 순안 수령의 부인이 서울로 올라가다가 마침 매우 더운 때여서 이곳에 가마를 부려놓고 쉬는데 가마를 따르는 한 늙은 여종이 뜻밖에 자기 자리를 빼앗긴 것에 분을 품고 술기운에 사당 앞에 와서 소리쳐 울면서 말하기를 "내 밥그릇을 빼앗아갔으니 어사는 내 원수입니다. 오직 바라건대 밝은 신께서는 어사를 잡아가소서"라고 하더라는 것이었다. 한번 웃어줄 만한 일이었지만, 한편으로 측은한 마음도 없지 않았다. 그 여자

『1872년 지방지도』「봉산군」, 서울대학교 규장각한국학연구원 소장.
봉산 읍내에서 20리 되는 곳에 동선령이 표시되었고, 여종이 암행어사를 저주하던
신당도 확인할 수 있다.

종이 무슨 죄가 있겠는가. 다만 내 행동으로 인해 하늘을 원망하고 남을 탓하는 마음이 있다는 것은 알아두어야 할 것이다. 봉산에서 점심을 먹었다. 본관 수령은 이형(李炯)이다. 검수역(劍水驛)에서 조금 쉬고 밤이 된 후에 서흥(瑞興)에 닿아 거기서 묵었다. 본관 수령 조제인(趙濟仁)은 아직 부임하지 않았다. 이날 110리를 갔다.

十九日

早發. 踰洞仙嶺. 兩山重複中, 設一關, 樹木參天, 晝行亦可畏也. 嶺上有一叢祠, 祠下有一老翁賣酒. 捆屨而坐, 與之接話, 歷問來去守令事. 翁仍言, 順安舊官內行之上去也. 時値極熱, 卸轎休憩于此, 轎前一老婢, 含憤於徑遞, 乘醉來哭於神祠曰, 奪我食椀, 御史吾讐也, 惟願明神捉去御史云. 可供一笑, 而還不無惻隱之心. 彼婦女婢僕, 果何罪焉, 宜其只知有怨天尤人之心也. 中火鳳山. 主倅李炯. 少憩劍水驛, 侵夜抵瑞興, 止宿. 主倅趙濟仁未赴任. 是日行百十里.

❀

동선령은 봉산 읍내에서 황주로 통하는 길에 있는 요새이다. 원래 서흥에서 자비령(慈悲嶺)을 통해 황주로 갔으나 세조 때 자비령을 폐쇄하고 동선령 길을 열었다. 춘향전에서 춘향이 이도령을 그리며 부르는 노래 "날진, 수진, 해동청, 보라매도 쉬어 넘는 고봉정상 동선령 고개라도 임이 와 날 찾으면 나는 발 벗어 손에 들고 나는 아니 쉬어 가지" 하는 동선령이 바로 이 고개이다.

7월 20일

일찍 출발하였다. 총수점(葱秀店)에서 점심을 먹었는데 여관 건물이 모두 홍수에 떠내려 갔다. 근래 황해도에 수해가 드물었기에 백성들의 집이 무너지고 떠내려간 것이 그 수를 헤아릴 수 없었다. 봉산에서 금천(金川)까지는 모두 바다가 뽕밭이 되는 듯한 큰 변화를 겪었는데 경기도 지역은 이렇지 않았다고 한다. 산에 의지한 작은 여관에서 말에게 먹이를 주었는데, 앞으로 푸른 절벽을 마주하고 그윽한 풍치가 손에 잡힐 듯 생생하였다. 냇가로 걸어 나가 바위벽을 바라보니 그 아래 약천이 있고 옆에 명나라 사신 주지번(朱之蕃)이 읊은 것을 새겨놓은 글씨가 있는데 물이 깊어서 건너갈 수가 없었다. 평산읍을 지났는데 여기부터는 지나온 길이다. 밤에 칠령(漆嶺) 여관에 도착하여 머물러 묵었다. 이날 100리를 갔다.

二十日

早發, 中火葱秀店. 店舍皆爲大水所漂. 盖海西水災, 挽近所罕, 民戶漂壓, 不計其數. 自鳳山至金川, 皆成滄桑世界, 畿界則不如是云. 秣馬依山小店, 前對蒼壁, 幽致可掬也. 出步川上, 望見石壁, 下有藥泉, 傍有朱天使之蕃, 題詠刻字, 而水深不能濟也. 過平山邑. 自此卽所歷路也. 夜抵漆嶺店, 留宿. 是日行百里.

7월 21일

금천읍을 지났다. 본관 수령 이익영(李翼榮)은 아직 부임하지 않았다. 수문통(水門筒)의 여관에서 점심을 먹고 북문을 통해 개성으로 들어갔다. 만월대에 찾아 올라가 고려시대 고적을 둘러보았다. 초가집 서너 군데를 들렀는데 개성 부자의 별장들이었다. 모두 매우 그윽하고 깨끗하여 화초와 과일나무, 동산과 골짜기가 사람의 마음을 상쾌하게 하여 한참을 앉아 있노라니 일어날 수가 없었다. 밤에 여관에 돌아와 묵었다. 신임 경력 김낙룡(金洛龍)은 부임한 지가 얼마 안 되었다고 한다. 이날 90리를 갔다.

二十一日

歷金川邑. 主倅李翼榮, 未赴任. 中火水門筒店, 從松京北門入. 歷登滿月臺, 周覽麗氏古蹟, 訪數三草堂, 卽松京富人之別業也. 皆極幽靜蕭灑, 花卉果木園圃溪壑, 甚愜人意, 坐久不能起也. 夜還店舍, 留宿. 新經歷金洛龍, 到任未久云. 是日行九十里.

❀

고려의 수도였던 개성의 주민들은 조선시대에 정치적 차별을 받아 권위가 높은 관직으로 진출할 수 없었다. 그 대신 일찍부터 상업이 발전하여 막대한 자본을 쌓은 상인들이 많이 나온 것은 널리 알려진 사실이다. 특히 18세기 중엽 이후 개성 상인들은 인삼을 대규모로 인공 재

근대의 개성 풍경, 가와세 하스이[川瀬 巴水], 1940년 작, 미국 스미소니언박물관
소장. 개성의 깨끗한 풍광을 읽을 수 있다.

배하기 시작하였을 뿐 아니라 인삼을 홍삼으로 가공하는 산업도 크게 일으켰다. 그 결과 청나라에 밀수출하는 홍삼의 양도 급증하였다. 박내겸의 감탄 뒤로 19세기 초 개성 상인의 번창이 읽혀진다.

7월 22일

일찍 출발하였다. 성의 동쪽 길을 따라 선죽교(善竹橋)를 찾아보니 포은 정몽주 선생의 핏자국이 아직도 완연하였다. 갑자기 그것을 마주하니 나도 모르게 두려운 마음이 들어 일어나 예를 표했다. 여러 비석의 글을 두루 읽었다. 다시 큰 길을 찾아 길을 갔다. 장단에서 점심을 먹었다. 전임 수령은 경기 암행어사에 의해 봉고 처분을 받았다. 신임 수령은 유상묵(柳相默)이다. 밤에 파주에서 잤는데 신임 수령은 이존경(李存敬)이다. 이날 80리를 갔다.

二十二日

早發, 由城東路, 訪善竹橋, 圃隱先生血痕, 至今宛然. 猝然當之, 不覺悚然起敬. 遍讀諸碑文. 更尋大路作行. 中火長端. 前倅爲畿繡所封庫. 新倅柳相默也. 夜宿坡州, 新倅李存敬也. 是日行八十里.

7월 23일

그대로 머물며 문서와 장부를 정리하였다.

二十三日

留. 修整文簿.

7월 24일

양주 읍내에서 점심을 먹고 해촌(海村)에 들어갔는데 이곳은 맏형님
이 새로 마련한 집이다. 이날 90리를 갔다. 복명 보고서인 서계와 정책
보고서인 별단을 정서하는 일을 시작하였다.

二十四日

中火楊州邑內, 入海村, 卽舍伯新寓第也. 是日行九十里. 書啓別單, 正書
始役.

7월 25일

그대로 머물렀다.

二十五日

留.

7월 26일

그대로 머물렀다.

二十六日

留.

7월 27일

그대로 머물렀다.

二十七日

留.

7월 28일

성 안으로 들어와 임무 수행을 보고하니 머물러 대기하라는 명령이 있었다. 이어서 명령을 받아 희정당으로 들어가 모셨다. 나아가 엎드리니 전하께서 말씀하셨다. "살피고 조사하는 일은 남김없이 모두 다하였는가?" 나는 일어나 엎드린 후 아뢰었다. "정성과 힘이 닿는 곳은 감히 빠트린 곳이 없습니다." 물러가라고 명령하시기에 곧 밖으로 나왔다.

二十八日

入城復命後, 有留待之命, 仍承命入侍于熙政堂. 進伏後, 上曰, 按廉之事, 無遺盡爲之乎. 賤臣起伏, 奏曰, 誠力所到處, 不敢有遺也. 仍命退, 遂退出.

✦

위 장면을 『승정원일기』를 바탕으로 재구성하면 다음과 같다. 7월 28일 유시, 즉 오후 6시를 전후 하여 박내겸은 우부승지 박기굉(朴基宏)의 주관으로 희정당에서 임금을 뵈었다. 가주서(假注書) 정재영(丁載榮)과 기주관(記注官) 이종심(李宗心), 김낙풍(金樂豐) 등 사관 3명이 함께 들어갔다. 차례로 나아가 모두 엎드리니 국왕이 "어사는 앞으로 나오라" 하였다. 박내겸이 앞으로 나아가니 임금은 "잘 다녀왔느냐" 하였다. 박내겸은 "정성과 힘이 닿는 만큼 모두 수행하였습니다" 하였다. 임금이 어사가 먼저 물러가라고 명령하니 박내겸이 물러나오고, 다시 물러가라고 명령하니 승지와 사관이 차례로 물러나왔다.

박내겸이 바친 서계(書啓)와 별단(別單)에 대해서는 의금부를 필두로 관련 부서가 검토한 내용이 8월 2일부터 올라오기 시작하여 비변사, 병조, 이조의 보고가 11월 5일까지 이어졌다. 박내겸은 오랫동안 인사기록에 나타나지 않다가 이듬해 1월 2일 세자의 교육을 담당한 세자시강원(世子侍講院)의 정6품 관직 사서(司書)에 임명되어 실직에 복귀하였다.

平安南道暗行御史朴來謙進書啓別單

日省錄 四百六十七 純祖二十二年壬午 七月 下

二十八日庚子

遞同成均李存秀副摠管洪義俊
並呈辭也

以金銑為大司諫

日臺諫有闕政票教以前望單子八之

遞獻納李章東以朴奎壽代之

日臺諫牌招啓辭教以在外臺諫許遞前望單子
入之

色見平安南道暗行御史朴來謙于熙政堂
復命也

平安南道暗行御史朴來謙進書啓別單
壬午七月

書啓以為平壤庶尹韓百行則蒞任未滿四朔毀

『일성록』의 순조 22년 7월 28일 기사, 서울대학교 규장각한국학연구원 소장.
순조가 박내겸을 불러본 사실과 박내겸이 바친 서계와 별단의 첫머리가 실려 있다.

200년 전 암행어사가 밟은 5천리 평안도 길

　『서수일기(西繡日記)』는 평안도 암행어사의 일기이다. 조선시대에 평안도 지역은 '서(西)'라고 지칭되었다. 일찍이 고려시대에 평안도의 중심인 평양에 서경(西京)이 설치되었으며, 그 지역은 철령의 서쪽이라는 뜻에서 관서(關西)라고 불려왔다. 암행어사란 겉옷 밑에 남몰래 비단옷을 감추어 입는 존재라는 뜻에서 비단 '수(繡)'가 암행어사를 가리키게 되었다. 『서수일기』를 지은 이는 순조 22년(1822) 평안남도 암행어사로 파견된 박내겸(朴來謙, 1780~1842)으로서, 그는 서계(書啓)와 별단(別單) 등 공식 보고서 외에 이 기행 일기를 남겼다. 『서수일기』는 서울대학교 규장각한국학연구원에 소장되어 있다(필사본 1책 35장 70쪽. 도서번호 古4790-29).

　이 책에는 실무관료인 박내겸이라는 인물이 암행어사로서 19세기 전반의 평안도에 가서 활동한 내용이 구체적으로 담겨있다. 이러한 암행어사의 사적인 일기는 매우 희귀하여, 숙종 22년(1683) 황해도에 파견된 박만정(朴萬鼎)이 남긴 『해서암행일기(海西暗行日記)』(이봉래 역, 『해서암행일기』, 고려출판사, 1976), 고종 19년(1882) 경상우도 암행어사로 파견된 이헌영(李鑅永)의 『교수집략(嶠繡集略)』 등 겨우 몇 종만 더 찾아볼 수 있다. 그 밖에 문집에 포함되어 전하는 것으로 성이성(成以性)이 인조 25년(1647)에 쓴 「호남암행록(湖南暗行錄)」 등이 있다.[1]

암행어사는 동아시아에서도 조선에서만 시행되었던 제도이며, 조선의 관료체제에서도 매우 특수한 관직이었다. 그리고 조선후기의 평안도는 한편으로는 정치적으로 심한 지역 차별을 받았다는 점에서, 또 한편으로는 8도 중에서 경제적으로 가장 번성한 지역이었다는 특성을 지녔다. 저자인 박내겸은 실무 경험과 역량에서 큰 장점을 지닌 관료로서 함경도에 파견되었을 때와 사신의 수행원이 되어 청나라에 다녀왔을 때에도 개성 넘치는 기록을 남긴 인물이다. 『서수일기』는 이렇듯 박내겸이라는 저자, 암행어사라는 제도, 평안도라는 지역 등 각기 강한 특징을 지닌 세 요소가 한데 만나서 이루어진 기록이다.

박내겸이 자신에게 이롭지 못한 사실들을 기록하지 않았을 가능성이 없지 않지만, 전체적으로 보아 기생 앞에서 당황해하고 지방 군졸의 매질을 피해 달아나는 모습을 담을 만큼 솔직하게 기술하였다고 판단

---

1 근래 새로 보고된 『교수집략(嶠繡集略)』에 대해서는 김현영, 「이헌영의 『嶠繡集略』을 통해 본 암행어사의 실상과 경상도 지방관」, 《영남학》 16, 2009 참조. 성이성의 「호남암행록(湖南暗行錄)」에 대해서는 설성경, 『춘향전의 비밀』, 서울대학교출판부, 2001, 103~114쪽 참조.

된다. 따라서 행간에 숨은 정황과 시대적·지역적 맥락을 더해가며 차근차근 『서수일기』를 읽는다면, 암행어사 개인의 노정을 넘어 19세기 통치기구가 작동하던 방식과 평안도 등지에서 지방민들이 살아가던 사정을 구체적으로 이해할 수 있을 것이다.

실무 관료 박내겸

저자인 박내겸은 본관이 밀양이며 정조 4년(1780) 경상도 창원에서 태어났다. 아버지는 풍기군수를 지낸 박선호(朴善浩, 1748~1816)이다. 조상들이 대대로 벼슬살이를 계속하였지만 유력가문으로 보기는 어렵다. 그러나 박내겸은 가문에 대한 자부심이 컸으며 그 위상을 높이고 지키려고 꾸준히 노력하였다.[2] 순조 9년(1809) 30세의 나이로 문과에 급제하고 승정원의 가주서 및 삼사의 언관직 등 가까운 곳에서 국왕을 섬기는 엘리트 코스의 직책을 두루 역임하였다. 순조 22년(1822) 정6품 관직인 사간원 정언으로 재직하던 중 평안남도 암행어사에 임명되었고, 그 이후로 여러 관직을 역임하여 순조 33년(1833) 정2품 관직인 호조참판까지 승진하였다. 전라도 부안현감, 나주목사, 평안도 의주부윤 등 지방의 수령직도 여러 차례 지냈다.

---

2 강석화, 「19세기 전반의 실무관료 朴來謙의 생애와 사상」, 『조선의 정치와 사회』(정만조 외, 집문당), 2002, 378~380쪽.

박내겸은『서수일기』외에도 순조 27년(1827) 함경도 북평사(北評事)가 되었을 때 국경의 무역을 감독하고 과거시험을 주관한 행적을 담은『북막일기(北幕日記)』를 남겼다. 또한 1829년에는 청나라에 파견된 정사 이상황(李相璜)의 서장관으로 심양에 다녀오면서 견문기인『심사일기(瀋槎日記)』를 작성하였다. 이 저작들도『서수일기』와 같이 규장각한국학연구원에 소장되어 전해지고 있다. 사문집 초고본으로 필사본 2책의『탑서유고(塔西遺稿)』가 성균관대학교 도서관에 있다. 헌종 8년(1842년) 63세의 나이로 사망하였다.

조선후기에는 엘리트 관인들 사이에 학맥이 촘촘하게 얽혀 있었으며, 19세기 전반은 안동김씨 김조순(金祖淳)을 중심으로 몇몇 가문이 권력을 독점하던 세도정치기였다. 하지만 박내겸은 권력가문이나 특정 학파와 직접 연관이 되지 않은 실무관료였다.[3] 그는 성리학의 명분이나 지역차별의 편견에 휩쓸리지 않았기 때문에 조선시대에 색다른 지역이었던 평안도에서 사람들이 살아가는 모습을 구체적으로 기록할 수 있었을 것이다.

독특한 감찰제, 암행어사 제도

암행어사 제도는 조선시대에 국왕이 가까운 신하를 비밀리에 지방에

---

3 강석화, 위 논문, 382~385쪽.

파견하여, 고을을 다스리는 수령의 역량과 잘잘못을 평가하고 그 지역의 폐단과 개혁방안을 보고하게 한 것이다. 조선시대 관리의 업무수행을 평가하는 것을 포폄(褒貶) 또는 전최(殿最)라고 하였는데, 『경국대전』에 그 방법이 규정되어 있었다. 중앙 정부의 관원은 그 관사의 상급자가, 지방을 통치하는 수령은 관찰사가 업적을 평가하였다. 매년 두 차례, 6월 15일과 12월 15일에 상·중·하 3등급으로 평가하였으며, 그 결과에 따라 상이나 벌이 주어졌다. 10회의 평가에서 모두 상을 받으면 직급을 한 등급 올려주었으며, 중을 두 번 받으면 녹봉이 없는 무록관(無祿官)에 임용되는 불이익을 주고, 중을 세 번 이상 받으면 파직하는 것이 핵심이었다. 당상관은 한 번이라도 중을 받으면 파직하였다. 하지만 평가와 그에 따른 상벌이 매우 엄격하였던 만큼, 시간이 흐르면서 오히려 후하게 평가하는 것이 관행이 되어 공식적 포폄은 그 효과를 잃어갔다.

『조선왕조실록』에 의하면 성종대에 암행어사를 처음 파견하였다. 그러나 구체적인 인물이 확인되는 것은 한참 후인 명종 5년(1550)으로 이때에 박공량(朴公亮) 등 암행어사 8명을 전국 팔도에 파견하였다. 어사가 수령의 잘잘못을 조사하는 일은 관찰사의 수령 감독과 기능이 중복되기는 하였지만, 시기가 내려올수록 암행어사는 점차 체계적으로 파견되었다. 국왕이 평소 가까이 거느리는 엘리트 관원을 특별히 파견함으로써 그 활동 결과를 한층 신뢰할 수 있었고, 따라서 지방관을 단속하는 데 큰 효과를 볼 수 있었기 때문이었을 것이다.

하지만 암행어사 제도에 아무런 문제가 없었던 것은 아니다. 조선의 통치체제에서는 군국기무의 핵심 사안이 아닌 한 국왕과 정부의 국정 운영을 관원들에게 공개하는 것이 원칙이었고 정제된 기록을 작성하여 후세에 전하게 되어 있었다. 그러한 정부 운영 원칙에서 볼 때, 비밀리에 수령의 통치 상황을 염탐하고 다니도록 한 암행어사는 특이한 존재였다. 중종 4년(1509) 조정의 논의에서 부원군(府院君) 김수동(金壽童)은 암행어사 파견을 반대하면서 "위에서 아랫사람 대우하기를 바른 일로 하지 않으면, 아랫사람도 바른 것으로 하지 않을 것"이라고 하였다. 비밀리에 사람을 보내 수령을 감시하게 하는 것이 부당하다고 본 것이다. 하지만 암행어사 제도가 어느 정도 기밀성을 지닌다고 해서, 개방적이라는 조선 통치체제의 특징을 흐리는 것은 아니었다.

동서고금을 막론하고 국가 운영에는 비밀경찰이 큰 비중을 차지하였다. 중국이나 일본의 경우도 마찬가지였다. 명(明, 1368~1644)에서는 황제가 직속 첩보기관으로 동창(東廠)을 거느렸다. 황제의 사적 생활을 받드는 환관이 그 장관에 임명되었으며 1,000명이 넘는 구성원이 관리의 부정이나 모반을 정탐하는 것은 물론 민간의 사소한 범죄까지 단속하였다. 또한 혐의가 있는 자를 직접 구금하고 처형할 수 있는 권한까지 가졌다. 이 동창은 환관 세력의 정치적 거점으로, 명나라 정치에 어두운 그림자를 드리우는 암적인 존재였다고 평가된다. 단, 청(淸, 1636~1912)에 들어오면 관료체제는 한층 정제되어 명의 동창과 같은 황제 직속의 비선 조직이 암약하지 않게 되었다.

일본에서도 에도시대(1603~1867)에 비밀경찰이 강력한 힘을 발휘하였다. 최고 통치자인 쇼군[將軍]은 막부(幕府)에 오니와반(おにわばん, 御

庭番)을 두었다. 이 부서는 쇼군으로부터 직접 명령을 받아 비밀 첩보활동을 하였다. 표면적으로는 경비를 담당하였지만 번의 장관인 다이묘[大名], 막부의 신하들, 에도 시내를 일상적으로 감시하고 관찰하였던 것이다.

조선의 암행어사는 국왕이 측근을 비밀리에 파견하여 지방관들을 조사하게 한 것이지만, 최고 통치자가 개인적으로 운영하는 비밀경찰에 비견될 존재는 아니었다. 우선, 암행어사는 관료제의 틀 안에서 공식 절차를 통해 선발되었다. 선발 절차가 자세히 전해지는 정조대 이후를 보면, 삼정승이 후보자를 복수로 추천하고 그중에서 국왕이 선정하였다.[4] 이것은 관원을 임명하는 일반적인 방식이었다. 암행어사는 비밀리에 파견되었지만, 시종일관 비밀 속에서 활동하는 것은 아니었다. 현지에서도 사전 조사가 끝나면 출도(出道)를 하여 신분을 드러낸 후 못 다한 조사를 마무리하고 시급한 안건을 공개적으로 처리하였다. 암행어사의 주된 목적은 서계와 별단을 올리는 데 있었으며, 그 보고서는 정부 내에서 모두 공개되고 관련 부서에서 그와 관련된 업무를 공식적으로 처리하였다.

암행어사 제도는 부정한 수령을 골라내고 민폐를 파악하여 대책을 세운다는 직접적인 목적을 넘어서, 조선 통치체제의 유지에 훨씬 더 적극적인 의미를 지닌다고 생각한다. 그것은 국왕을 측근에서 모시는, 나아가 훗날 국정을 책임지는 고위 관료로 성장할 엘리트 관원으로 하여

---

4 심희기, 「국왕의 귀와 눈, 암행어사」, 『암행어사란 무엇인가』, 박이정, 1999, 18~19쪽.

금 인민의 생활 현실을 그들의 눈높이에서 바라보게 한다는 것이다. 이 일기에서도 박내겸은 사회의 밑바닥을 들여다보고 정부 관리로서의 자신을 돌아보는 과정을 경험하였다. 그는 길 떠난 지 사흘 후 황해도 신계에서 사람들 틈에 섞여 관청으로 들어가 굶주린 자들을 구하기 위한 죽사발을 받아들었다. 평양에서는 관찰사가 벌이는 잔치를 대동문 누각에 올라가 멀리서 구경하다가, 몽둥이를 들고 와서 구경하는 사람들을 내모는 감영의 아전들에게 쫓겨 여러 차례 곤경을 겪으며 누각에서 내려와야 했다. 국가의 최고 엘리트 관원으로 하여금 그런 경험을 하도록 한 것이 암행어사 제도의 진면목이었다고 생각한다.

조선후기의 암행어사

박내겸이 평안남도 암행어사로 파견된 순조 22년(1822)에는 암행어사의 파송과 업무 수행이 매우 체계화되어 있었다. 국왕은 암행어사를 임명하면서 봉서(封書)와 사목(事目)을 주었다. 봉서는 암행어사의 임명장에 해당한다. 봉서란 원래 국왕이 종친이나 신하에게 사적으로 내리는 문서를 가리키는데, 암행어사는 국왕이 측근 신하에게 특수하고 임시적인 임무를 맡기는 것이었으므로 봉서의 형식으로 임명하였던 것이다. 암행어사에 특별한 관심을 기울이고 관련 자료를 많이 남긴 정조는 봉서에 암행어사에 대한 당부와 특별 명령을 담고 그것을 자신의 문집 『홍재전서(弘齋全書)』, 또는 국왕의 일기 형식으로 작성하던 『일성록(日省錄)』

에 수록하였다.[5] 하지만 순조 연간 이후로는 그와 같은 기록에 봉서를 수록하지 않았으며, 박내겸이 받은 봉서의 내용도 확인할 수 없다.

사목이란 공무를 처리하는 규칙을 뜻하는 용어이다. 암행어사 사목으로 지금까지 전해지는 것 중 가장 이른 것은 숙종대인 17세기 후반에 제정된 것인데, 그 이후에 여러 차례 새로 작성되고 정비되어 정조 7년 (1783)의 「제도어사재거사목(諸道御史齎去事目)」을 거쳐 정조 17년에서 동왕 24년 사이에 만들어진 「팔도어사재거사목(八道御史齎去事目)」으로 발전하였다. 앞의 두 사목은 전국의 도별로 암행어사의 직무 수행을 규정한 문서이다. 그 이후에는 암행어사 사목이 새로 만들어진 사실이 확인되지 않으므로, 1822년에 박내겸이 국왕으로부터 받아 가지고 간 사목역시 정조 말년의 「팔도어사재거사목」 중 평안도 어사에 해당하는 부분이었을 것이다.

암행어사는 이 밖에 지방의 역에서 말을 징발할 수 있는 마패(馬牌)를 받았다. 마패는 단순히 역마를 이용할 수 있는 증명에 그치지 않고, 이 일기에서도 확인되는 바와 같이 암행어사의 신분증처럼 이용되었다. 암행어사가 고을에 출도하여 백성들이 올린 청원서 등을 결재할 때도 먹물로 마패를 찍음으로써 그 증명을 삼았다. 암행어사는 마패와 함께 유척(鍮尺)을 받아 소지하였다. 구리로 만든 자[尺]인 유척은 지방에서 사용되는 도량형이나 형벌을 시행하는 도구의 규격을 확인하는 데

---

5 봉서, 서계(書啓), 사목(事目) 등 암행어사 관련 자료에 대해서는 한상권, 「역사연구의 심화와 사료 이용의 확대」, 《역사와 현실》 6, 1991 참조. 그 밖에 암행어사의 전반적인 사항에 대해서는 고석규 외, 『암행어사란 무엇인가』, 박이정, 1999 참조.

사용되었는데, 그 밖에 시체를 검안하는 데 이용되었다는 설명도 있다.

암행어사는 일반적으로 두 가지 보고서를 제출하였다. 서계(書啓)는 원래 임금의 명령을 받은 벼슬아치가 일을 마치고 그 결과를 보고하는 문서를 뜻하지만, 암행어사의 경우 자기가 돌아본 지역의 지방관과 관찰사에 대하여 업무 수행의 자세와 잘잘못, 어사로서 급히 취한 조처들을 정리한 내용을 담았다. 별단(別單) 역시 일반적인 뜻은 원 문서에 부록처럼 덧붙여 올리는 문서를 뜻하지만, 암행어사가 제출한 별단은 자신이 돌아본 지역의 사회문제와 백성들이 겪는 고통에 대해 그 내용을 정리하고 어사로서 모색한 해결 방안을 서술한 정책 보고서에 해당하였다. 정조 연간 이후로는 암행어사의 서계와 별단이 대부분 『일성록』에 실렸으며, 박내겸이 작성한 것도 마찬가지이다. 이 문서들은 18·19세기 지방사회의 현실을 파악하는 데 매우 중요한 자료가 된다.

암행어사가 급한 일을 만나면 관찰사에게 통보하거나 국왕에게 문서를 올려 현장에서 처리하기도 하였다. 하지만 일반적인 절차는 암행어사가 지방을 돌아보고 올라와 임금을 알현하고 보고서를 바친 후 해당 관서에서 그에 대한 후속 조처를 수행하는 것이었다. 먼저 인사 업무를 맡은 이조(吏曹)와 병조(兵曹)는 암행어사가 바친 서계를 바탕으로 관찰사와 수령들에 대해 조처할 내용을 국왕에게 보고하여 시행하였다[복계(覆啓)]. 조사나 치죄가 더 필요한 경우 국왕이 의금부에 명령하였다. 암행어사의 별단에 대해서는 가장 상위의 국정 실무 기관이었던 비변사(備邊司)에서 처리하였다. 사안별로 시행할 정책 등을 복계의 형식으로 국왕에게 보고한 후 시행한 것이다. 암행어사의 보고에 대해 이조와 병조 그리고 비변사에서 국왕에게 올린 보고서 역시 『일성록』에 많이 수록되어 있다. 비변사에서 올린 보고서는 『비변사등록』에 거듭 수록되기도 하였다.

암행어사의 권한

암행어사는 대중의 관심을 많이 받아 온 주제인데도 그 기초적 면모조차 잘못 알려진 것들이 많다. 대표적인 것으로, 어사가 수령을 파직할 수 있었고 실제 파직하였다는 설명을 도처에서 찾아볼 수 있다. 하지만 그런 일은 오로지 춘향전에서만 나타난다. 『열녀춘향수절가』에서는 암행어사가 되어 나타난 이도령이 남원부사 변학도를 '봉고파직' 하였다. 하지만 그것은 암행어사의 현실과는 달리, 권력을 불법적으로 남용하는 관리를 숙청하고자 하는 작자와 독자의 희원이 소설의 한 부분으로 표출된 것이었을 뿐이다. 실제 조선시대 암행어사에게는 지방관을 파직할 권한이 없었다.[6] 수령에 대한 인사권은 국왕의 권한이었으므로 임시 직함을 띤 관원이 임의로 행사할 수 있는 것이 못 되었고, 암행어사로 파견되는 인물들은 정치적 위상이나 관료적 지위가 지방의 수령을 압도할 처지에 있지 않았다. 실제로도 암행어사가 수령을 스스로

---

6   심희기, 위 논문, 24쪽; 오수창, 「춘향전에 담긴 일상의 역사현실과 비판의식」, 《진단학보》 114, 2012, 37~40쪽; 이 책, 5월 16일 평설 참조.

파직한 경우는 아직 확인된 바 없다. 암행어사가 수령과 관속의 부정 행위를 확인하고 고을의 창고를 봉인하고[封庫] 그 사실을 해당 관찰사에게 통보한 경우, 곧바로 관찰사가 해당 수령의 파직을 건의하고 그에 따라 즉시 중앙정부에서 파직 명령이 내려오는 경우는 많았다. 암행어사의 봉고가 해당 수령의 파직에 바로 연결된 것이었다. 하지만 결코 암행어사가 그대로 파직 권한을 행사하는 것은 아니었다. 그럼에도 불구하고 마치 암행어사가 수령을 파직할 수 있었던 것처럼 볼 만한 기록들이 발견된다. 여기서는 지금까지 해명되지 않은 사례를 한두 개 더 검토하고자 한다.

영조가 신하들과 더불어 암행어사의 권한을 논의하던 중 암행어사에게 수령을 '봉고파직[封罷]'할 권한을 주었다는 최근의 설명은 그 근거인 『영조실록』의 기사를 볼 때 수긍할 만하다.[7] 하지만 이 경우 실록의 기사가 오류였다고 판단된다. 우선 해당 기사를 보더라도, 암행어사의 '봉고'가 가능한지 논의하던 중 갑자기 '파직'까지 하도록 기록된 것이 자연스럽지 않다. 같은 날짜의 『승정원일기』를 확인하면 훨씬 구체적인 논의 내용을 알 수 있다. 충청도에 암행어사로 파견되는 임상원(林象元)은 직접 살펴보도록 명령받지 않은 고을에 큰 문제가 있을 경우 봉고를 할 수 없느냐고 질문하였다. 국왕은 그것을 허락할 경우 훗날 폐단이 될까 우려하였으나, 지정되지 않은 고을이라 하더라도 문제가 특별히

---

7 송기호, 『임금되고 신하되고』, 서울대학교출판문화원, 2014, 272~273쪽; 『영조실록』 영조 17년 3월 19일 갑신.

심한 곳이 있다면 봉고하는 것이 좋겠다고 결론지었다. 특별 명령을 내려 봉고 권한을 주는 것은 무방할 것이라는 우의정 조현명(趙顯命)의 의견을 따른 것으로서, 파직 권한에 대한 논의는 없었다.[8] 국왕이 암행어사에게 '봉고파직'을 허락했다는 실록의 기록은 단순 오류이거나, 어사의 봉고가 파직으로 이어질 것을 감안한 서술이라고 보아야 할 것이다.

『영조실록』에는 또 영조 41년(1765) 경상도 암행어사 이휘중(李徽中)이 전라도 구례현감 지도함(池道涵)을 잘 다스리지 못한다는 이유로 봉고파직했다는 기록이 있다.[9] 그러나 『승정원일기』를 확인하면 이희중이 취한 처분 역시 단지 봉고였을 뿐임을 알 수 있다. 즉 그가 구례에서 봉고했는데 그것은 근거 문서를 바탕으로 한 것이 아니었으므로 잘못이라는 논의이다.[10] 이와 같이 암행어사의 권한, 특히 수령을 파직할 수 있었는가에 대해서는 많은 오해와 오류가 있었으며, 암행어사와 조선시대의 통치체제를 정확히 이해하기 위해서는 그것들을 하나하나 바로잡을 필요가 있다.

---

8 『승정원일기』 영조 17년 3월 19일 갑신. (林)象元曰 牲外邑 雖大不治, 不可封庫乎 上曰 此路一開 後必爲規 奈何 顯命曰 若以特敎爲之 亦何妨乎 上曰 然則雖牲外 亦擇尤甚者封庫 可也.

9 『영조실록』 영조 41년 1월 20일 병인.

10 『승정원일기』 영조 41년 1월 16일 무술[임술].

박내겸의 암행어사 활동은 1822년 늦은 봄부터 여름에 걸쳐 이루어졌다. 18세기 중·후반에 영조와 정조는 탕평정치(蕩平政治)를 시행하여 붕당간의 투쟁을 완화하고, 균역법의 시행이나 상업 자유화와 같은 사회경제적 개혁을 이룩했으며 활발한 출판 사업을 일으켰다. 영조, 정조뿐 아니라 19세기의 순조 또한 청년 군주로서 국정을 개혁하고자 열심히 노력한 시절이 있었다. 그는 일찍부터 뛰어난 능력을 발휘하여 부왕 정조와 측근들의 기대를 모았고, 직접 국정을 처리하게 되었을 때 벽파 세력을 축출한 사례와 같이 때로는 놀라운 과단성을 보였다. 하지만 1822년 당시 그의 노력은 실패로 돌아가고, 날개가 꺾인 순조는 나날이 성장해가는 세자에게 희망을 걸고 있을 따름이었다. 이것은 조선후기에 계속 성장해온 집권 세력이 체제 개혁을 모색하거나 받아들이지 않았기 때문이다. 그리고 그 중심에는 노론 정치세력을 대표하는 문벌 권력가이자 국왕의 장인인 김조순(金祖淳)이 있었다.[11]

19세기 전반의 집권세력은 권력을 극단적으로 독점하면서 사회의 저변으로부터 점점 괴리되어 가는 매우 퇴영적인 모습을 보였다. 하지만 시각을 달리하면 다른 상황이 벌어지고 있었음을 읽을 수 있다. 암담한 것은 조선의 낡은 지배 체제였지, 사회 전체가 그러했던 것은 아

---

11 19세기 전반 시대 상황에 대해서는 한국역사연구회, 『조선정치사 1800~1863』, 청년사, 1990 중 오수창, 「제2장 정국의 추이」와 「제12장 권력집단과 정국 운영」 참조.

니기 때문이다.

특히 평안도는 앞 시기의 불리한 조건을 뚫고 역동적인 사회발전을 보이고 있었다. 조선시대 성리학을 기반으로 하는 조선의 정치세력은 원래 평안도와 함경도의 지역민들을 정치적으로 매우 심하게 차별하였다. 그 지역에서는 성리학이 중부나 남쪽 지방만큼 뿌리를 내리지 못하고 성리학과 사족에 기반을 둔 사회질서를 튼튼하게 성립시키지 못하였다는 사실이 차별의 구실이었다. 한편 만주족이 세운 청과의 병자호란에서 패전하고 그 이후 청의 사신을 접대하는 데에서도 평안도민은 매우 큰 부담을 져야만 했다. 하지만 시간이 지나면서 이 불리한 조건들은 경제력을 키우고 새로운 사회질서를 세워나가는 데 유리하게 작용하기 시작하였다. 사족 계층이나 성리학이 튼튼하게 발전하지 못한 만큼, 전통적인 지배체제가 강하지 않았고, 그것은 다시 개인들이 자기 능력을 바탕으로 활발하게 경쟁하고 성장하는 기반이 되었기 때문이다. 성리학적 제약이 강하지 않았으므로 주민들이 활발하게 상업 활동에 뛰어들었고, 청나라로 통하는 길에 있었으므로 국제무역도 번성하였다. 혹시 다시 터질지 모르는 전쟁과 청나라의 외교에 대비하여 쌓아둔 곡식과 화폐는 대규모 상업의 자본으로 활용되었다. 그리하여 18세기에 이르러 평안도는 전국에서 가장 번성한 지역으로 알려지게 되었다. "평안 감사도 저 하기 싫으면 그만이라"는 속담은 바로 그런 사정에서 나온 것이었다. 18세기 말에 이르러 전국 팔도 중 평안도에서 가장 많은 문과 급제자가 나오고, 그곳 무사들이 서울에 활발하게 진출한 것도 그러한 경제적 성장이 기반이 되었다. 평안도는 조선중기 이래 성리학적 질서를 중심으로 한 국가 운영의 주류에서 벗어나 있었지만, 바로 그 이유로 인해 더욱 역동적으로 발전하는 지역이 될 수 있었던 것이다.

18세기 영조와 정조는 평안도에 대해 성리학적 질서와는 다른 그 지역의 개성을 북돋우고, 왕성한 경제적 역량을 중앙정부로 수용하려 하였다. 하지만 그들 탕평군주가 확고한 성공을 거둘 수 없었던 까닭에 19세기의 정치는 지방사회와 괴리된 세도정치로 귀결되었다. 과거에 급제하고 중앙으로 진출하여 체제 안에서 자기 자리를 찾으려 한 평안도 상층민들의 노력이 기대한 성과를 거두지 못하고, 크게 성장한 평민들의 역량을 중앙정부에서 수용할 수 없게 되었다. 이때 평안도 지역민들이 반란의 기치를 높이 들었던 것은 피할 수 없는 사정이었을 듯하다. 순조 11년 12월(서기 1812년 1월) 청천강 이북 평안북도에서 일어난 홍경래의 난은 한때 7개 군현을 휩쓸며 세력을 떨쳤고 고립무원의 정주성 농성으로 접어든 후에도 100일 이상 지속되었다. 반란은 결국 진압되어 마지막까지 버틴 성인 남성 1,917명 전원이 사흘 만에 처형당했고, 호적상으로 평안도 인구 3분의 1이 줄어드는 피해를 겪었다. 하지만 그런 피해에도 불구하고 평안도 사회발전이 꺾인 것은 아니었다. 문과 급제자의 비율, 경제력의 성장, 정부에서 그 지역 경제력에 의지한 내용은 별다른 변화 없이 지속되었다. 특히 박내겸이 돌아본 평안남도는 홍경래 난으로 직접적인 타격을 받은 곳은 아니었다. 박내겸은 암행어사로서 백성의 고통에 깊은 관심을 기울이게 마련이었지만, 그런 중에도 그는 평안도의 번화상과 경제활동에 대한 감탄을 금치 못했다.

박내겸의 행로

박내겸은 1822년 윤3월 21일 서울을 출발하여 닷새 뒤인 26일에 양덕을 통해 자신의 염찰 지역인 평안도로 들어갔다.[12] 그 후 신분을 감추고 곳곳을 다니며 정보를 입수하여 5월 13일, 즉 서울을 떠난 지 51일이 되는 날에 순안에서 처음으로 출도하였다. 그 다음에는 암행과 출도, 신분을 밝힌 채 이동하는 명행(明行)을 되풀이하다가 6월 30일 평양에서 마지막으로 출도하였다. 그 후 7월 17일까지 평양에 머물며 문서를 조사하고 간간이 유흥을 즐기다 7월 18일 다시 신분을 감추고 평안도를 떠나 귀경길에 올랐다. 7월 24일부터 27일까지 양주의 맏형 집에 머물면서 보고서 작성을 마무리하고, 28일 임금 앞에 나아가 복명하고 보고서인 서계(書契)와 별단(別單)을 바침으로써 130일간의 임무를 마감하였다. 그가 서울을 떠나 다시 돌아올 때까지 이동한 거리는 4,915리로, 조선 후기 10리를 4.2km로 계산하면 2,064km가 되어 경부고속도로의 5배에 달하는 거리였다.[13]

박내겸이 이처럼 평안남도를 돌아보고 올린 보고서는 『일성록』에 실려 있다. 『일성록』은 국왕의 일기 형식으로 작성된 국정 기록이다. 박내겸의 서계는 순 한문으로 된, 『일성록』 원본의 34면에 달하는 장편으

---

12 박내겸의 어사 업무 수행에 대한 전반적인 설명은 오수창, 「암행어사길-1822년 평안남도 암행어사 박내겸의 성실과 혼돈-」, 《역사비평》 2005년 겨울호 참조.

13 조선시대 10리의 환산에 대해서는 양보경, 「대동여지도」, 《한국사 시민강좌》 23, 일조각, 1998, 58쪽 참조.

로서 평양서윤 한백연으로부터 고양군수 정연시에 이르는 관원 59명의 잘잘못을 담았다. 별단은 평안도의 토지세, 환곡, 국방, 권세가의 백성 침탈 등에 대해 문제를 진단하고 그 나름대로의 해결책을 제시하였다. 분량은 『일성록』 원본으로 35면에 달한다.

평안도로 파견될 때 박내겸의 첫 번째 관심사는 신분을 감추는 일이 었다. 양반 복장을 포기하지는 않았으나 망가진 갓과 해진 도포로 허름한 복장을 하였으며, 때로는 붓과 같은 소품까지 활용하여 변장을 하기도 하였다. 하지만 암행어사에 대한 지방민의 감시와 기대 속에, 그리고 업무 추진을 위한 연락으로 인해 그 행적이 탄로나기 일쑤였다. 박내겸은 성실하게 암행어사의 여정을 밟아 나갔지만, 그런 중에도 권력과 쾌락을 맛볼 수 있었다. 그는 역졸들이 암행어사 출도를 외쳤을 때 "사람들이 무리지어 놀라 피하는 것이 마치 바람이 날고 우박이 흩어지듯 하며"(5월 13일 순안), "성내가 온통 끓는 솥처럼 되어 사람과 말들이 놀라 피하는 것이 산이 무너지고 바닷물이 밀려드는 듯한"(6월 30일 평양) 광경을 즐겼다. 또한 가는 곳마다 만나게 되는 기생들과의 인연을 즐겼다. 그중 만남의 횟수와 어울림의 내용, 나중에 기생이 어사의 귀경길을 뒤쫓아 오는 삽화에 이르기까지, 성천 명기 부용(芙蓉)과의 인연은 압권이었다. 수령이나 관찰사가 보낸 기생들과는 동침을 하였다. 하지만 일기의 서술을 따르는 한 그 모든 것들이 업무 수행에 지장이 준 경우는 없었으며, 또 그것이 사실이었던 것으로 판단된다.

박내겸이 때로 상투적인 생각이나 행동을 보이지 않은 것은 아니다. 그는 개천의 현심목(玄心穆)이라는 학자에 심취하여 극구 찬양하였고

(4월 19일) 숨은 인재라 하여 국왕에게 추천하였다. 하지만 현심목은 변화하는 현실에 학문적으로 조응한 자취가 없으며, 너무 나이가 많아 정부에서 별다른 성과를 기대하기 힘든 인물이었다. 이와 같은 부분적 상투성에도 불구하고 박내겸은 어사 업무를 매우 성실하게 수행하였다. 4개월 반에 이르는 길고 고난에 찬 여정 자체도 그렇지만, 그는 자신이 서야 할 곳이 큰 고통을 겪는 인민의 편이어야 한다는 원론을 잊은 적은 없는 듯하다. 인민의 기대와 달리 현실에서는 암행어사가 오히려 농민들을 협박하는 구실로 이용되기도 하였다(4월 28일 함종). 그는 그 광경을 보면서 전도된 현실에 아연해하였다.

하지만 성실한 업무 수행이라는 관점에서만 박내겸 개인과 그 업무 수행의 핵심을 조명할 수는 없다. 그는 역시 지배층에 속한, 조정의 관인이었다. 개천 향교의 선비들은 그 지역 인재를 등용하기 위한 회시(會試)의 문제점을 조심스럽게 지적하였다. 부자들만 모두 합격하고 가난한 사람들은 불리했으니, 부정이 개입되지 않았겠느냐는 불만이었다. 처음에 그들의 주장에 동감하는 듯하던 박내겸이지만 끝에 가서는 "가난한 사람들이 글을 파는 것은 허물하는 법이 없고 부자가 남에게 글을 짓게 하여 급제하는 것만 탓하니, 시험관이 의심을 받지 않으려면, 글 잘하고 글씨 잘 쓰는 사람은 부자라 하여 밀어내고, 가난한 자라는 이유로 글 못하고 글씨 못 쓰는 사람을 뽑은 후에야 겨우 공정한 도리라고 할 것인가?"라고 하였다(4월 20일). 비록 궁색한 과객으로 변장하였다 하더라도 시골 선비들에게 시험관이나 정부의 잘못을 인정할 수는 없는 노릇이었다. 말 그대로 궤변을 농하며, 부자들로부터 돈을 받고 답안을 대신 작성해주는 가난한 선비들에게 전적인 책임을 돌려버린 것이다. 부정행위를 일삼는 관리가 아니라, 오히려 성실하게 업무를 수행해가던 암행어사의 행적에서 드러나는 여러 수준의 자기 위안과 기만은 19세기 조선 사회가 유지하고 있었던 정치체제의 한 단면이다.

그런 문제에도 불구하고 조선시대 말기 19세기에 이르도록 암행어사는 인민의 희망이었다. 이 일기에서 황해도와 평안도의 주민들이 암행어사 행차를 고대하던 것이 박내겸의 왜곡은 아니었다. 춘향전에서는 어떤 이본이든 이몽룡이 어사가 되어 나타나 문제를 해결한다. 춘향전의 깊은 주제가 암행어사에 달린 것은 아니겠지만, 암행어사가 인민의 희원의 한 대상이었던 것만은 틀림없다. 조선후기 우화소설 『까치전』에서는 무능한 수령과 그 주위 기생·책객, 그리고 토호의 부패상이 실감나게 묘사되었다. 거기서 문제를 해결하는 존재도 암행어사로서, 사실을 염탐한 끝에 전면에 나서서 암까치의 원한을 명쾌하게 풀어준다.[14]

이 책 『서수일기』에서 제도로서의 암행어사는 여전히 적극적이고 긍정적인 의미를 지닌다. 민본주의는 박내겸의 마음가짐을 차지하고 있으며, 그가 하급 군졸이 휘두르는 방망이에 곤욕을 겪을 만큼 최고의 엘리트 관원들로 하여금 인민의 눈높이에서 세상을 보게 하는 관료체제의 기능도 살아 있다. 하지만 지역민의 날카로운 비판 의식에 부딪쳤을 때 박내겸은 궤변을 동원해가면서까지 불만과 비판을 억누르고자

---

14 암행어사의 사회문제 해결에 대한 문학적 서술은 육재용, 「암행어사 소설: 신원과 복수의 이야기」, 『암행어사란 무엇인가』, 박이정, 1999 참조.

하였다. 그것은 결국 19세기 중앙 정부가 성실한 암행어사 박내겸을 통하여 통치체제를 합리화하던 현실을 보여준다.

글을 마치며

필자는 암행어사 박내겸의 『서수일기』를 박사학위 논문을 작성하면서 검토하였다. 그 후 1999년 『서수일기』를 번역하고 해설과 지도 등 관련 자료를 붙여 「암행어사가 되어 떠나는 200년 전 평안도 여행」이라는 제목으로 당시 재직 중이던 한림대학교의 본인 홈페이지에 게시한 바 있다. 2005년에는 박내겸 암행어사 일기의 내용을 분석하고 그 책에 담긴 의미를 논한 「암행어사 길-1822년 평안남도 암행어사 박내겸의 성실과 혼돈-」을 발표하였다(《역사비평》 2005년 겨울호). 이 책에 담긴 번역과 해설은 2009년 서울대학교로 옮겨올 때까지 인터넷에 공개되었던 자료에서 출발하였다. 하지만 인터넷 게재본은 축자 번역이 아니었을 뿐만 아니라, 번역과 해설을 명확하게 구분하지 않았으며 군데군데 부정확한 내용도 없지 않았다. 이번에 원문을 완전하게 번역하고 체계적인 평설을 붙였다. 이 번역은 서울대학교 규장각한국학연구원의 김윤제 선생의 감수를 받았다. 기대 이상으로 치밀하게 검토한 그 배려 덕분에 이런저런 잘못을 꼼꼼하게 바로잡을 수 있었다. 깊은 감사를 표한다.

필자가 아카넷과 계약한 시한을 훌쩍 넘기는 사이에 다른 연구자에 의해 먼저 『서수일기』의 번역본이 간행되었다.[15] 그러나 박내겸이 일기로 남긴 내용과 평안도 사정을 조선후기의 역사적인 맥락에서 자세히 조명할 필요가 있고, 구체적인 사실에서도 새로운 번역과 해설이 기여할 바가 크다고 생각한다. 다만 이 책에서는 사전 등에서 쉽게 확인할 수 있는 내용은 덧붙이지 않고, 평설에는 필자의 견해와 내용 이해에 꼭 필요한 사항만 서술하고자 하였다. 끝까지 친절하게 기다려주고 까다로운 출판 실무를 처리해준 아카넷에 고개 숙여 감사드린다.

---

15 박래겸 지음, 조남권 · 박동욱 옮김, 『서수일기』, 푸른역사, 2013.

용어

ㄱ

가창(椵倉) 41, 42
강계 82, 189
『강동만류제비(江東萬柳堤碑)』 47, 48
『강동지(江東誌)』 48
강선루(降仙樓) 42, 44
개성 21
개천 104
『경국대전』 225
고성(古城, 영원) 93
고읍(古邑, 영원) 94
곡산 35
『관서명승도첩』 44, 51

관서 8경 45
『교수집략(嶠繡集略)』 222
구고정(九皐亭) 126
『국조상례보편(國朝喪禮補編)』 71
『규방미담』 136
「기성전도」 57
기자묘 75
『기자실기(箕子實紀)』 78
『기자지(箕子志)』 78
기정(箕井) 198
「까치전」 240

ㄴ · ㄷ

낙민정(樂民亭) 121
냉정굴 76
능성강(能成江) 51

다경루(多景樓) 200, 201
단천령(端川令) 23
담담정 80
대동문 192
『대전통편』 162
『대전회통』 162
대탕지(大湯池) 40
대흥산성(大興山城) 23, 24
돈의문(敦義門) 15
동명관(東明館) 45
동부승지 185, 189
동선령(洞仙嶺) 209, 210, 211
『동여도』 24
동창(東倉) 86
동창(東廠) 226

ㅁ

마패(馬牌) 11, 16, 229
만류제 47, 48
만수대(萬壽臺) 130, 182
망경루(望京樓) 115, 117
맹산 85
무산십이봉(巫山十二峯) 45
무진대(無盡臺) 102, 104
문성강(文城江) 30
미륵령 82

ㅂ

발괄 123
백마문(白馬門) 183
백상루(百祥樓) 112, 113, 115, 116, 174
백활(白活) 123
벽파(僻派) 51, 234

별단(別單) 218, 227, 230, 238
별창(別倉) 42
병자호란 235
봉고(封庫) 158, 159, 232, 233
봉고파직 231
봉서(封書) 11, 15, 228
봉파(封罷) 232
부벽루 59
「부벽루연회도」 68
부안 81
『북막일기(北幕日記)』 224
북창(순천) 85, 86
불류강(沸流江) 44, 45
비밀경찰 226, 227
비월지(飛越地) 84, 85

ㅅ

사목(事目) 11, 15, 16, 228, 229
사목책(事目册) 11, 15
삼등 50
삼십육동천(三十六洞天) 49, 50, 51
서계(書啓) 218, 227, 230
서관대로 55
서대문 15
서윤(庶尹) 193
선전관(宣傳官) 63
선죽교(善竹橋) 215
선화당 59, 140
성리학 235
성천 41
수정천(水晶川) 48
『수향편(袖香編)』 130
순천(順川) 83, 84
숭령전(崇靈殿) 78, 98, 128

숭인전(崇仁殿) 78
숭문원 분관 63, 147
신문(新門) 11, 15
신위(申緯) 29
『심사일기(瀋槎日記)』 224
『심전고(心田稿)』 16
십이루(十二樓) 45
쌍륙 87, 88, 170
「쌍륙삼매」 87

ㅇ

안주 115
알일령(憂日嶺) 96, 104, 168
앵무주(鸚鵡洲) 51
양덕 40, 42
양벽당 93
엄기(嚴耆) 49
연광정 56
「연광정연회도」 66
『열녀춘향수절가』(열여춘향슈절가) 18, 151,
   231
열파정(閱波亭) 138, 182
영금정(映金亭) 48
영명사(永明寺) 59
영수병(映水屛) 22
영원 91
영제교 55, 57, 59
영파정(影波亭) 91, 92
오니와반(おにわばん, 御庭番) 226
옥녀봉 85
온정원(溫井院) 39, 40, 186
용강 164
용봉(龍峰) 29
용택온천(성천온천) 187

『운초시집(雲楚詩集)』 137
원창(院倉) 39, 40
월파루(月波樓) 207
유척(鍮尺) 11, 16, 229
유향소(留鄕所) 88
육육동 51, 52
은산 81, 82
을밀대 59, 117
인삼 213, 215
인현서원(仁賢書院) 198
『일성록(日省錄)』 228, 237

ㅈ

자비령(慈悲嶺) 211
장림(長林) 56, 57
적교(狄橋) 128
전최(殿最) 225
정방산성 208, 209
정전(井田) 198, 199
「제도어사재거사목(諸道御史齎去事目)」 229
직동(直洞, 개천) 94, 96, 104, 168
『징비록(懲毖錄)』 21

ㅊ

책객(冊客) 30, 32, 240
『1872년 지방지도』 35
청남 13
청북 13
청석동(靑石洞) 23, 24
청요직(淸要職) 147
청하문(淸霞門) 45
춘향전 18, 159, 185, 211
출도(出道) 152

충무사(忠武祠) 198
치마대(馳馬臺) 33
치마도(馳馬道) 32
칠불사 113

ㅋ · ㅌ

콜레라 195
쾌재정(快哉亭) 194
『탑서유고(塔西遺稿)』 224
탕평정치(蕩平政治) 234
태평동 129
태평시(太平市) 128, 129
통선관(通仙觀) 45

ㅍ

「팔도어사재거사목(八道御史賫去事目)」 16,
229
평안도 13, 78, 222, 235
평안도관찰사 51, 53
평안도 병영 115, 116
평양 59, 140
『평양지(平壤志)』 78
포폄(褒貶) 225
필련문(匹鍊門) 48

ㅎ

하남산(河南山) 32, 33
한보정(閑步亭) 29
한사정(閑似亭) 198
『해동지도(海東地圖)』 41
『해서암행일기(海西暗行日記)』 18, 131, 222
향인(鄕人) 60
향청 88
「호남암행록(湖南暗行錄)」 222
호로천(葫蘆泉) 29
홍경래의 난 42, 116, 236
홍로주(紅露酒) 145, 150
홍삼 215
『홍재전서(弘齋全書)』 228
화석정 19, 20, 21
환곡(還穀) 28, 123
황룡산성(黃龍山城) 125, 163, 164
황학루 49, 51
휴령정(休寧亭) 95
희정당 10, 11, 217, 218

인명

ㄱ

강홍립(姜弘立) 127
강희진(姜喜進) 17
경란(鏡鸞) 140, 144, 145, 150
경박(景博) 70
계현(季賢) 56, 117
구선복(具善復) 119
구진(具縉) 124
권가오쇠(權加伍金) 17
권돈인(權敦仁) 13
권복이(權卜伊) 17
권중임(權中任) 120
금원김씨(錦園金氏) 137
기자(箕子) 75, 77, 198, 199
김경서(金景瑞) 125, 127
김낙룡(金洛龍) 19, 213
김낙풍(金樂豐) 218
김대갑(金大甲) 64
김면여(金勉汝) 65
김수동(金壽童) 226
김시묵(金時默) 71
김영순(金英淳) 65
김영익(金永翼) 49
김운초(金雲楚) 137
김원근(金元根) 207
김원호(金元灝) 152
김유근(金逌根) 46, 54
김응서(金應瑞) 127
김이교(金履喬) 49, 51, 56, 158
김이양(金履陽) 137
김자점(金自點) 208, 209

김정균(金鼎均) 13
김조순(金祖淳) 14, 46, 51, 54, 78, 224, 234
김집(金集) 128
김치화(金致和) 125, 127
김후근(金厚根) 16
김희린(金禧獜) 118, 119, 120

ㄴ·ㄷ·ㅁ

남석구(南錫九) 118
노유종(盧有宗) 17
등애(鄧艾) 33, 34
만홍(晚紅) 198
민백상(閔百祥) 64
민종현(閔鍾顯) 125

ㅂ

박공량(朴公亮) 225
박기굉(朴基宏) 218
박내겸(朴來謙) 12
박만정(朴萬鼎) 18, 131, 222
박사호(朴思浩) 16, 153
박선호(朴善浩) 223
박영원(朴永元) 80
박제문(朴齊聞) 11, 13
박천의(朴天儀) 16
박천행(朴天行) 16, 153
박천형(朴天衡) 185
박태수(朴台壽) 195, 196
백능수(白能洙) 54
백홍진(白泓鎭) 19
변학도 231
복남(福男) 17

부용(芙蓉) 133, 136, 137, 145, 150, 184, 185, 206, 238
빙심(氷心) 144, 150

ㅅ

사마상여(司馬相如) 133, 137
서좌보(徐左輔) 13
서희순(徐熹淳) 183
선우협(鮮于浹) 198
선조(宣祖) 21, 58
성부(誠夫) 16
성이성(成以性) 222
소식(蘇軾) 157, 159
신덕왕후(神德王后) 29, 31, 33
심영석(沈英錫) 13

ㅇ

안광직(安光直) 125, 143
안성시(安聖時) 48
오한원(嗚翰源) 19
왕희지(王羲之) 100
유상량(柳相亮) 174
유상묵(柳相默) 215
유선관(留仙觀) 45, 132, 134, 183
유성룡(柳成龍) 21
유영보(柳榮輔) 193
유창근(柳昌根) 85
유형원(柳馨源) 55
유희필(劉希弼) 61, 128, 191
윤두수(尹斗壽) 78
윤명규(尹命圭) 13
윤심규(尹心圭) 47
윤헌규(尹憲圭) 126

을지문덕(乙支文德) 198
이겸회(李謙會) 22
이관식(李觀植) 118, 188
이규현(李奎鉉) 29
이기연(李紀淵) 42, 46, 78, 103, 106, 132, 135, 139, 140, 141
이덕수(李德秀) 22
이명신(李明晨) 20
이명환(李明煥) 48
이문용(李文容) 150, 158
이병규(李秉逵) 91
이병희(李秉熙) 50
이사원(李思遠) 124, 125
이서(李垿) 13
이석구(李錫龜) 33
이성계(李成桂) 31, 33
이성필(李聖必) 17
이억순(李億舜) 23
이언순(李彦淳) 13
이여송(李如松) 58
이완실(李完實) 17
이원이(李遠伊) 17
이원팔(李元八) 13
이이(李珥) 20, 78
이익영(李翼榮) 213
이인기(李寅蘷) 46, 106
이인달(李仁達) 17
이정곤(李貞坤) 193
이정신(李鼎臣) 118
이조식(李祖植) 191
이존경(李存敬) 215
이종심(李宗心) 218
이지연(李志淵) 76, 78, 79
이지연(李止淵) 46, 78, 79, 102, 106
이철수(李哲秀) 39

이태백(李太白) 100
이항복(李恒福) 21
이해우(李海愚) 116
이헌영(李鑛永) 222
이현기(李顯夔) 105
이형(李炯) 211
이회연(李晦淵) 26, 46
이휘중(李徽中) 233
임꺽정 23
임상원(林象元) 232
임업(任爗) 14
임준상(任俊常) 11, 13, 188, 189
임태순(任泰淳) 120

ㅈ

장화왕후(莊和王后) 31
전윤담(全允淡) 143, 146, 147, 148
정내승(鄭來升) 207
정몽주(鄭夢周) 215
정약용(丁若鏞) 31, 51, 52, 53
정연시(鄭淵始) 17, 238
정원용(鄭元容) 18, 130, 190
정재영(丁載榮) 218
정조(正祖) 78
정홍관(鄭鴻觀) 114
조득영(趙得永) 51
조만영(趙萬永) 46
조익렴(趙益濂) 16
조인영(趙寅永) 13, 46
조제인(趙濟仁) 94, 211
조헌(趙憲) 128
조현명(趙顯命) 233
조화석(趙華錫) 114
주원(朱遠) 50

주지번(朱之蕃) 212
지도함(池道涵) 233

ㅊ · ㅌ

최명희(崔明姬) 173
최태운(崔台運) 16
치삼(稚三) 70
탁문군(卓文君) 137

ㅎ

한백연(韓百衍) 56, 193, 238
한학모(韓學謩) 89
향염(香艶) 161
현삼원(玄森元) 97
현심목(玄心穆) 94, 96, 97, 98, 168, 238, 239
홍기석(洪箕錫) 99
홍병철(洪秉喆) 13, 90
홍성구(洪聖九) 130, 182
홍승규(洪勝圭) 13
홍시제(洪時濟) 114
홍양호(洪良浩) 47, 48
홍이일(洪履一) 128
홍희규(洪義圭) 126, 128
황겸조(黃謙祖) 197
황명조(黃命祖) 197
효명세자(孝明世子) 14, 46
효의왕후(孝懿王后) 14, 71

지은이

박내겸(朴來謙, 1780~1842)

19세기 순조대와 헌종대에 활동한 관료이다. 문과에 급제한 후 사관·언관과 경연관을 두루 맡으면서 임금을 모시고 호조참판·의주부윤까지 승진한 엘리트 관원이지만, 학파나 권세가에 얽매이지 않고 실무에 치중하였다. 특히 암행어사로서 평안도를 돌아본 사정을 『서수일기(西繡日記)』로, 북평사로 함경도를 돌아본 경험을 『북막일기(北幕日記)』로 남겼다. 변방의 사정을 구체적으로 전해주는 귀한 자료이다. 서장관으로 청나라 심양에 다녀온 경험을 적은 『심사일기(瀋槎日記)』도 개성 있는 저술이다. 시문집으로 2책의 『탑서유고(塔西遺稿)』가 있다.

역해자

오수창(吳洙彰)

서울대학교 국사학과에서 학사, 석사, 박사과정을 마쳤다. 17세기 붕당정치와 19세기 세도정치 등 중앙정치로 한국사 연구를 시작하였으며, 조선후기의 중앙정치와 평안도 사회발전의 관계를 검토하여 박사학위를 받았다. 최근에는 춘향전이나 야담과 같은 문학작품에 담긴 역사적 상황을 해명하고자 하였다. 지은 책으로 『조선후기 평안도 사회발전 연구』, 『조선시대 정치, 틀과 사람들』, 『조선정치사 1800~1863』(공저) 등이 있다. 서울대학교 규장각 학예연구사, 한림대학교 사학과 교수를 거쳐 현재 서울대학교 인문대학 국사학과 교수로 있다.

서수일기
200년 전 암행어사가 밟은 5천리 평안도 길

1판 1쇄 찍음 ㅣ 2015년 3월 17일
1판 1쇄 펴냄 ㅣ 2015년 3월 27일

지은이 ㅣ 박내겸
역해자 ㅣ 오수창
펴낸이 ㅣ 김정호
펴낸곳 ㅣ 아카넷

출판등록 2000년 1월 24일(제2-3009호)
413-120 경기도 파주시 회동길 445-3
대표전화 031-955-9511(편집) · 031-955-9514(주문) ㅣ 팩시밀리 031-955-9519
책임편집 ㅣ 양정우
www.acanet.co.kr

ⓒ 오수창, 2015

Printed in Seoul, Korea.

ISBN 978-89-5733-400-3 94910
ISBN 978-89-5733-230-6 (세트)

이 도서의 국립중앙도서관 출판시도서목록(CIP)은
서지정보유통지원시스템 홈페이지(http://seoji.nl.go.kr)와
국가자료공동목록시스템(http://www.nl.go.kr/kolisnet)에서
이용하실 수 있습니다.(CIP제어번호: CIP2015007037)